Mamá, quiero ser feminista

Mamá, quiero ser feminista

Carmen G. de la Cueva

Lumen

Primera edición: noviembre de 2016
Cuarta reimpresión: junio de 2017

© 2016, Carmen G. de la Cueva
© 2016, de la presente edición en castellano para todo el mundo:
Penguin Random House Grupo Editorial, S. A. U.
Travessera de Gràcia, 47-49. 08021 Barcelona
© 2016, Mar Hernández (Malota), por las ilustraciones

Printed in Spain – Impreso en España

ISBN: 978-84-264-0383-4
Depósito legal: B-19.696-2016

Compuesto en M. I. Maquetación, S. L.
Impreso en Cachiman Gràfic, S. L.
Montmeló (Barcelona)

H 4 0 3 8 3 4

Penguin
Random House
Grupo Editorial

A mi madre, a mi hermana,
a la memoria de las mujeres de mi familia que ya no están:
este es el silencio que yo quería romper

Nota de la autora

En *Un cuarto propio*, Virginia Woolf confiesa que cuando le propusieron hablar sobre las mujeres y la novela, se sentó en la orilla de un río a pensar qué significaban esas dos palabras. El tema le parecía tan difícil de abordar que el peso de la responsabilidad por llegar a alguna conclusión certera hizo que su cabeza se inclinara hacia el suelo. Allí, sentada sobre unas malezas coloradas que brillaban como el fuego, decidió que, dijera lo que dijese, nunca podría cumplir el primer deber de un conferenciante: ofrecer una pepita de verdad pura que el público pudiera envolver en las hojas de sus cuadernos y conservarla eternamente sobre el mármol de la chimenea. Lo único que tenía era una opinión: para escribir, una mujer debía tener dinero y un cuarto propio, y eso no resolvía de ninguna manera el problema de las mujeres y la novela.

Cuando me propusieron escribir este libro, lo primero que hice fue salir de casa y caminar hasta el río siguiendo el ejemplo de Virginia. En una tarde de un febrero insólitamente cálido, apoyada en la barandilla que se asomaba al Guadalquivir, pensé que contar cómo me hice feminista tampoco era tarea sencilla. Decidí empezar por el principio, y desde el principio estuvieron muy presente dos cosas: los libros y las mujeres de mi familia. En estas páginas solo puedo ofrecerte mi pepita de verdad pura —las veces que me caí, las veces que supe sobreponerme— y que tiene que ver con aquello que decía Virginia: para escribir, para construirte una vida propia, debes leer mucho, observar, escuchar y hablar con otras mujeres que vinieron antes que tú, y procurarte una habitación propia. Lo del dinero casi que lo doy por perdido, a fin de cuentas, pocas de nosotras tenemos una renta familiar con la que poder mantenernos y la mayoría de nuestros trabajos seguirán siendo precarios mucho tiempo. Aun así, no te desanimes, a mí me costó años conseguir la habitación propia, pero siempre hubo cerca mujeres a las que preguntar y una biblioteca pública esperándome.

La niña no salía de su asombro: mesa y silla para ella sola; ahora sí que podría escribir cuando tuviera las palabras que perseguía con tanto ardor.

CARMEN CONDE

No hay prisa. No hay necesidad de brillar. No es necesario ser nadie salvo uno mismo.

VIRGINIA WOOLF

El feminismo es una aventura colectiva.

VIRGINIE DESPENTES

Louisa May Alcott

Pensilvania, 1832-Boston, 1888.

Escribió *Mujercitas, Hombrecitos, Escenas de la vida de un hospital* y *Estados de ánimo*, entre otras novelas.

Estuvo vinculada al movimiento por el sufragio femenino.

«Las chicas piden que la mujercita se case, como si casarse fuera la única finalidad de la vida de una mujer. No casaré a Jo con Laurie para complacer a nadie.»

Prefacio

El momento decisivo

> Jo: Si recogerme el cabello me obliga a ser una
> dama usaré trenzas hasta los veinte años.
>
> LOUISA MAY ALCOTT

Nunca olvidaré el día en que me regalaron un pequeño libro que me acompañará siempre: *Mujercitas*, de Louisa May Alcott. Era una primera edición rústica con ilustraciones publicada el mismo año de mi nacimiento, 1986. Yo tendría unos seis años cuando mi madre me lo trajo y todavía lo conservo lleno de marcas de lápiz vagamente borradas por el tiempo. La historia parecía bien sencilla: la vida de cuatro hermanas en un pueblecito muy parecido al mío. Pero encontrarme con Jo, la segunda de las hermanas March, fue todo un descubrimiento. Entonces era hija única y todas las mujeres que tenía cerca eran mucho mayores que yo.

A medida que iba conociendo a Jo, sentía que era parte de mi familia, una más, una versión de mi yo futuro más rebelde, y que no se sometía tanto al juicio del resto de las mujeres de su entorno. Lo que más llamó mi atención fue que Jo quisiera ser escritora. Yo quería ser escritora pero por entonces solo sabía leer. A mi

15

corta edad, había intentado fallidamente la escritura de algunos poemitas o cuentos, siempre en mi mente, casi nunca llevaba aquellos intentos al papel. De pronto Jo entró cual torbellino en mi cabeza y, como si de una hermana mayor se tratase, comencé a imitarla en todo. Y cuando digo en todo, quiero decir que, en mi cabecita infantil, quise entregarme a la escritura en cuerpo y alma; como ella, quise escribir algunas obritas de teatro para interpretarlas con mis amigas y, sobre todo, quise vestirme de escritora. Parecía lo más sensato. Tomar prestado un delantal del cajón de la cocina de mi casa, uno especialmente bonito, a cuadritos blancos y rojos, y un gorro de lana acabado en una borla que en invierno no soportaba, pero que aquellos días me proporcionaba la seguridad que necesitaba para sentarme a escribir. O, al menos, jugar a hacerlo.

No recuerdo que saliera nada de aquellas tardes en las que me quedaba quieta durante horas en una silla frente a un cuaderno de dos rayas y con *Mujercitas* lo más cerca posible de mi mano por si la inspiración de Jo para contar historias se me contagiaba. Entonces pensé que quizá no era suficiente con el traje de escritora, que tenía que dar un paso más, un paso definitivo en mi carrera: cortarme la melena. Había leído que Jo, en un acto heroico por ayudar a su madre, vendió sus preciosas trenzas. Y aunque la noche que le cortaron el pelo lloró desconsoladamente porque lo extrañaba, creo que desde ese momento fue mucho más ella misma. Estaba más cerca de lo que siempre quiso: salir a vivir aventuras y no quedarse nunca más en la casa tejiendo como una vieja; hacer las cosas que hacían los chicos.

Una mañana de sábado bien temprano, justo antes de que mi madre se despertara, me levanté de la cama y encaminé mis pasos

hacia la peinadora de mi habitación. Me situé frente al espejo y saqué las tijeras de un cajón. Ni poniéndome de puntillas conseguía verme de cuerpo entero. Había llegado el momento decisivo de entregarme de lleno a mi oficio. Me vi allí, en pijama, con las tijeras de plástico en la mano a punto de dar el paso. Y no pude. Corté poco más que un par de mechones y los escondí dentro del libro. Pensé que algún día tendría el valor de mi hermana Jo para cortarme la melena. Sin embargo, tendrían que pasar veinte años para verme así, con el pelo como un chico, como siempre me había imaginado desde que conocí a Jo.

1

Cuatro generaciones de mujeres
bajo el mismo techo

> Bernarda: Hilo y aguja para las hembras.
>
> Federico García Lorca

El día de Reyes de 1986, mientras mi madre se comía con ganas un buen pedazo de roscón, rompió aguas. No sé muy bien cómo se sucedieron los hechos, pero sí sé que ese día a mi madre también le tocó la sorpresa que se escondía en su interior y poco después tuvieron que ir corriendo al hospital. Todavía quedaba un mes para que mi madre saliera de cuentas. Fui ochomesina, quizá ahí está la raíz de mis problemas con el tiempo: tenía tan visto ya el vientre materno que necesitaba salir y ver mundo. Esa actitud de querer adelantarme a casi todo me viene de lejos. El detalle del roscón es una de las anécdotas de mi nacimiento; la otra, mucho más triste por cruel, me la cuenta mi madre cada 7 de enero: «Ay, nena, como tú naciste un día después de Reyes, todos los niños tenían regalos en sus cunitas menos tú. A ti no te dejaron nada».

También esa injusticia se mantendría a lo largo de mi vida. Al contrario de lo que pueda pensarse, nunca me hicieron regalos dobles. La cosa iba así: o me regalaban el día 6 o el día 7, pero ambos días, no. Creo que todavía no lo he superado y siempre he obligado a mis novios a hacerme regalos dobles y triples para compensar aquella angustia infantil.

Cuando nací mi madre tenía veinte años recién cumplidos, mi abuela sesenta y mi bisabuela ochenta. Éramos cuatro generaciones de mujeres viviendo bajo el mismo techo. También estaba mi tía Mari, la hermana soltera de mi madre, que se llevaba exactamente once años y cuatro días con ella. Así que, técnicamente, éramos cuatro generaciones. Aunque mi bisabuela Asunción y yo solo convivimos unos meses, pues ella murió justo después de mi bautizo, en abril de 1986. Desde entonces, mi abuela llevó luto. Sé que ahora el luto es algo extraño que solo aparece en las obras de Lorca, pero en el pueblo sigue siendo algo común. (¡Ah!, casi se me olvidaba: nací en Alcalá del Río, un pequeño pueblo de Sevilla a las orillas del Guadalquivir, donde nunca pasa nada.)

En casi todas las fotografías de mis primeros años de vida, mi abuela viste de negro. En la casa, en el parque, hasta en las fotos de la playa, mi abuela lleva un vestido negro por debajo de las rodillas aunque todos los demás vayamos en bañador.

Mi abuela siempre fue muy cariñosa, pero tenía un carácter un tanto mandón. Creo que yo lo heredé de ella. Somos las únicas de la familia a las que siempre nos han llamado así: mandonas. Y es que mi abuela Eugenia —que según la etimología griega significa «bien nacida», como ella no se cansaba de repetirme— sabía muy bien qué quería y no tenía problemas para decirlo. Era tan mandona que a veces mandaba incluso en las vidas de los demás, como en la de mi madre.

Mi madre y mi padre eran novios, llevaban ya algún tiempo juntos cuando se quedaron embarazados. Una vez encontré las cartas que mi padre le había enviado mientras hacía la «mili». Las tenían en un cajón del ropero de su dormitorio, escondidas bajo un montón de fulares horteras de los años ochenta. Allí estaban sus declaraciones de amor para la posteridad. Todo parecía ir bien, mi madre esperó hasta que volvió mi padre y entonces ocurrió el accidente, es decir, yo. Mi madre tenía diecinueve años, y mi padre, veintiuno. Parece ser que el hecho de que me concibieran fue algo traumático en la casa de los De la Cueva Delgado, hasta que yo nací. Cuando me vieron la carita rechoncha y el pelaje negro azabache, las aguas se calmaron, pero hasta entonces, todo habían sido reproches y renuncias, como en las obras de Lorca.

Mi madre quería ser enfermera, pero mi abuela dijo que «na-nai», que si iba a ser madre, para qué quería estudiar. Y tuvo que renunciar. Cuando le pregunto a mi madre por qué no intentó pelear por su sueño de ir a la universidad, me dice que se sentía culpable, atada. Pero siento que una parte de ella se arrepiente y me dice que tenía que haber seguido estudiando y que, si lo hubiera hecho, ahora tendría una profesión.

Mi abuela siguió regañándola toda su vida, seguía viéndola como su hija pequeña, la que se juntó con un muchacho pobre de La Rinconada —mi padre— y echó a perder su vida. A pesar de todo, los casaron un 4 de agosto de 1985, y sin velo pero por la iglesia. Y seis meses después, allí estaba yo, con mi vida prematura y mi pelazo negro. Parece ser que durante algún tiempo fui algo así como la reina de la casa: la primera nieta, la primera sobrina, la primera niña de la calle. Pero el pelazo duró lo que tardaron en arrancarme de los brazos de mi madre, justo después de nacer. Mi madre se emociona contándome el disgusto que tuvo cuando fue a verme a la incubadora y no me reconoció porque me habían rapado la cabeza. La historia de lo horrorosa que estaba sin pelo forma parte de la tradición familiar.

Y así fue como mis recién casados padres y yo nos mudamos a una habitación de la casa de mis abuelos donde, además, vivían mi tía soltera y mi bisabuela. Allí pasaríamos mis primeros cuatro años de vida.

«Era una vieja», dice mi madre refiriéndose a mí para expresar lo completo que era mi vocabulario desde que empecé a hablar. No sé si se debió a la influencia de las mujeres mayores que tenía alrededor y a la ausencia de primos y hermanos, pero desde antes de cumplir un año me sabía todos los colores y podía identificarlos sin pudor delante de cualquiera: vecinas, desconocidos, familiares. Mi abuela siempre me recordaba lo simpática que era yo. Su rutina matutina consistía en sacarme a pasear por las calles del centro del pueblo todos los días con un vestidito distinto. Creo que lo de ser presumida también me viene de ella. Algunos años antes de que muriera, la pillé *in fraganti* en el cuarto de baño aplicándose cuidadosamente en la cara una crema antiarrugas mientras se contemplaba en el espejo. Tenía más de ochenta años y una papada considerable, así que le insinué con sorna que poco efecto le podían hacer ya, a su edad. Ella me contestó que sabía que las arrugas que tenía no desaparecerían, pero que tenía que hacer todo lo posible para que no le salieran más.

De aquellos años en la casa de mi abuela apenas recuerdo a los hombres de la familia —mi abuelo y mi padre—, aquello era un matriarcado. Las mujeres se reunían en las tardes de invierno alrededor de la mesa camilla para charlar y cotillear. Venían otras tías

24

solteras y algunas vecinas de la edad de mi abuela y se pasaban horas criticando a otras vecinas ausentes, hablando del último muerto en el pueblo o de lo hartas que estaban de sus maridos. En cuanto las campanas de la iglesia daban las nueve, cada una cogía su silla, la plegaba y se despedía hasta el día siguiente. En verano, la tertulia —así les gustaba llamarla— se trasladaba al portal de la calle y podían quedarse charlando hasta la madrugada, con una breve pausa para ponerle la cena al marido.

Cuando a los cuatro años mis padres y yo nos mudamos a una casita nueva, pensé que nuestra rutina cambiaría, pero cada tarde mi madre me bañaba a la misma hora y me arreglaba para ir a ver a la abuela. Durante algún tiempo me pareció un poco pesado hacer todos los días lo mismo. Cómo no iba a hablar como una vieja si me pasaba los días rodeada de viejas. Pero entonces me di cuenta de algo: aquellas mujeres estaban muy solas y juntarse por las tardes era una manera de romper el encierro de sus vidas.

2

Pippi contra el mundo

> Yo intento portarme como es debido, pero he
> notado, y más de una vez, que la gente consi-
> dera que no lo consigo, a pesar de todos mis
> esfuerzos.
>
> PIPPI

Hace algunos días, al preguntarle a mi tía Mari por mi bisabuela, me contó algunas anécdotas de mi infancia que me cuesta reconocer como propias. Yo debía de ser una niña buena, buenísima, de cinco o seis años que nunca se quejaba, obediente y disciplinada. De pequeña sufría de empachos. Casi siempre los domingos. Empachos producidos por un consumo excesivo de chucherías: pipas, quicos, regaliz, esponjitas, platanitos… No había mucho que hacer, los domingos después de misa, y me dirigía al quiosco con intención de comprármelo entero, pero salía con una bolsita de gominolas por valor de veinte duros. Cuando por la noche me acostaban, todo lo que había ingerido tenía que salir por alguna parte y entonces me daba por vomitar, en silencio, eso sí. Era tan buena y tan educada que vomitaba en silencio sobre la cama y luego me quedaba allí con el vómito encima de mí hasta que alguien entraba en la habitación. De niña debí de aprender que lo que les tocaba a las mujeres era guardarse la rabia y el malestar, por eso ni siquiera lloraba cuando se producían esos episodios que, según mi tía Mari, eran frecuentes. Me cuesta reconocerme en esa imagen.

No recuerdo el momento exacto en que pasé del vómito silencioso al vómito verbal, pero cuando eso ocurrió, ya no hubo manera de hacerme volver atrás. Hablaba y hablaba y me inventaba historias y corregía a todo el mundo. De la buena pasé a ser la contestona. Tenía respuestas para todo y tenacidad para llevarle la contraria a mi abuela, sobre todo, y a mi padre. Ahora vomito menos, muchísimo menos, pero «no me callo ni debajo del agua», expresión que mi abuela Eugenia me repitió hasta el fin de sus días.

Mi familia no lo sabe, pero Pippi (Pippilotta Viktualia Rullgardina Krusmynta Efraimsdotter Långstrump) tuvo una influencia decisiva en mí. Nuestra historia empezó como todas las buenas historias, ella me relataba su vida y yo la escuchaba atenta desde el sofá de mi casa y quería llevar a cabo todos los planes que me proponía. Verla, primero, y leerla, después, me abrió los ojos sobre mi destino como mujer. Todavía no había aparecido Jo March en mi vida para revolucionarla por completo, pero Pippi me daba muchas ideas. Era tan rebelde, no se parecía en nada a mis amigas del colegio. Para empezar, no iba a misa los domingos, ni a catequesis. Y comiera lo que comiese —memorable es el episodio en que va a una pastelería acompañada por Tommy y Annika y cumplen mi fantasía de llevársela casi entera—, nunca se empachaba. Y nunca se callaba. Hasta el momento en que descubrí la vida de Pippi en Villa Kunterbunt no me imaginé que las niñas pudiéramos hacer lo que quisiéramos. Sabía que llevar un mono en el hombro y vivir con un caballo sería mucho más difícil, pero, por lo demás, la vida del pueblo de Pippi se parecía mucho a la mía. Para mí, su rebeldía era una forma de heroicidad, una manera de romper con todas las normas de Alcalá. Y un día me pregunté: ¿podía yo parecerme a Pippi?

La transformación no fue sencilla. En cuanto a comportamiento y vestimenta, me asemejaba mucho más a Annika, hasta en el pelo. Nunca lo tuve largo del todo, siempre lucí una media melena que me llegaba a los hombros con las puntas hacia dentro. Lo tuve difícil para hacerme las trenzas, aun así me empeñaba en ser idéntica a Pippi por fuera; el cambio interior ya se iría fraguando más lentamente. Lo de la ropa vino solo. En la casa de mi abuela había muchos roperos y baúles llenos de ropa de toda la familia que supe combinar con éxito: medias de colores, un camisón de mi abuela, un par de retales pegados con imperdibles al camisón a modo de bolsillos y unas botas negras de mi abuelo. Lo de las botas era lo mejor y creo que todavía hoy conservo la manía de llevar los zapatos unas cuantas tallas más grandes para poder mover con libertad los dedos de los pies. El conjunto no era muy acertado para la vida alcalareña, pero la casa de mis abuelos era lo suficientemente grande para hacer de ella mi Villa. Yo quería ser Pippi, pero mi Annika interior me reñía por casi todo. La culpa me perseguía por las esquinas y yo la esquivaba en la «cuadrilla», el espacio más mágico de toda la casa. Estaba al final del corral, pasado el limonero y las gallinas; era una especie de habitación abierta que se usaba para guardar chismes, estaba destartalada y escondía miles de tesoros. No había huevos de pájaros raros, conchas, piedras maravillosas ni monedas de oro, pero sí un buró de madera con muchos cajoncitos y un tablero que se levantaba. Allí había llavecitas, gafas de aumento, canicas, cuadernos viejos llenos de garabatos que no entendía, libros, fotografías y postales antiguas de viajes.

En la cuadrilla yo me sentía más Pippi que Annika. Investigaba cada cajón del buró y me inventaba historias de viajes lejanos a Egipto o a Kenia, que luego contaba a mis amigas. Yo sabía por Pippi que en Egipto todo el mundo andaba de espaldas y que en Kenia la gente mentía desde la mañana hasta la noche. Mis amigas no conocían a Pippi y casi siempre se creían todo lo que les decía. Aunque había cosas más verosímiles que otras. Lo que más me gustaba de ella eran sus viajes. Viajaba en barco por todo el mundo, había recorrido la tierra y el mar, y siempre volvía al pueblo para contar las maravillas que había visto. Yo no sabía por entonces que algún día podría salir de Alcalá como si nada y vivir en países extranjeros tan lejanos como los que Pippi había visitado. El mundo de aquellos días era mucho más pequeño. Sin embargo, leer a Pippi me daba esperanza y aliento para ser una mujer diferente de mi madre, mi abuela o mi tía. Que sí, que las quería mucho, pero yo veía que los hombres (mi abuelo, mi padre) salían de casa, conducían, trabajaban, y ellas se encerraban a limpiar y cocinar. Corría el peligro de quedarme en Alcalá y convertirme en una persona mayor aburrida con un vestido ridículo y teniendo que pagar *ricibos*. Yo no quería aquella vida.

Supongo que la fiebre Långstrump me duró un par de veranos, lo que tardé en darme cuenta de que no tenía que elegir entre ser Pippi o Annika porque las dos ya eran parte de mí. Podía ser rebelde, contestona y fantasiosa, pero también responsable, educada y buena estudiante. Podía ser todo lo que quisiera ser, ar-

queóloga, detective o trotamundos, si seguía las enseñanzas de Pippi: si digo «crecir» es que quiero decir «crecir». Nunca encontré las píldoras de chirimir (ella las guardaba en casa para no hacerse mayor), pero aprendí que, si en algún momento de mi vida siento que no soy yo, debo ir contra lo que se espera de mí diciendo las cosas exactamente como las quiero decir, ahí radica el verdadero poder de Pippi.

3

Caerse por las escaleras.
Una breve historia sobre el poder de «ahí abajo»

Vagina, vagina, vagina.

Chicas de un instituto de Manhattan

La palabra nos mueve y nos libera.

Eve Ensler

Mi primer contacto con el misterioso asunto de hacerse mujer tuvo como protagonista a la madre de una amiga de la infancia. En mi casa nunca había tenido problemas para hablar de cualquier cosa con mi madre, incluida la regla, pero la calle y mis amigas eran otra historia. La sangre menstrual y todo lo que conllevaba la primera regla era algo morboso y repugnante que no se enunciaba en voz alta entre mis amigas del pueblo. Yo no fui de las primeras en caer. Nunca supe directamente por ninguna de ellas en qué momento les vino la regla. Un misterio más que debía resolver en mi corta vida. Como buena observadora, registraba las visitas de mis amigas al cuarto de baño, exploraba sus mochilas, les preguntaba si les dolía la barriga y hasta las olía, por si acaso.

Por entonces, el dolor de barriga parecía ser el primer síntoma de la caída en desgracia. Yo estaba deseosa de que me bajara, más que nada para ver con mis propios ojos qué era aquello que unas chicas guapísimas, limpias y vestidas de blanco se empeñaban en no nombrar en los anuncios de la tele (el famoso anuncio de Evax «¿A qué huelen las nubes?» se estrenó en 1999, el año en que me vino la regla. ¿Coincidencia? No lo creo). Había toda una conspiración para que no pudiera resolver el enigma ni enterarme de una vez por todas de qué iba aquello.

En el verano de 1999 me hice muy amiga de una vecina un año mayor, con la que me sentaba en el «barrio de la oveja» —como se conocía popularmente su calle— a hablar sobre cualquier cosa hasta altas horas de la noche. Pero esta amiga, cuyo nombre no diré, desapareció durante tres días. No me cogía el teléfono ni me abría la puerta de su casa. En Alcalá nunca ocurrían cosas extrañas, así que me aposté en la esquina de su calle hasta verla salir por la puerta, pero en los primeros dos días nadie salió de allí. Su madre apareció al tercer día con un carrito de la compra, dispuesta a ir al mercado como si nada raro ocurriese. No pude evitarlo y la abordé en mitad de la calle para preguntarle por la desaparición de mi amiga. Con un rostro impasible me dijo que su hija se había caído por las escaleras «por fin». Sí, añadió «por fin». Me fui corriendo a mi casa para avisar a mi madre de que, probablemente, la madre de X había intentado asesinarla sin éxito y podría volver a intentarlo en cualquier momento. ¡La había lanzado por las escaleras! Mi madre entendió el misterio y me dijo que lo que le había pasado a mi amiga era que se había hecho mujer, que le había venido la regla. ¡Zas! ¿Tantas horas de vigilancia en la calle para eso?

Ese mismo día por la tarde mi amiga me llamó para quedar y contármelo todo. Al menos la espera había merecido la pena. X me habló de sus horribles dolores de barriga y de que sangró tanto que tenía que cambiarse las bragas tres veces al día. Por lo demás, nada parecía haber cambiado en ella. Ninguna pierna rota, ningún signo de madurez. Por fuera, mi amiga era la misma, pero por dentro, un secreto y sagrado mecanismo se había puesto en marcha.

El verano en Alcalá siempre ha sido eterno, una especie de vórtice temporal donde las horas pasan demasiado lentas y los días nunca terminan. Mi menstruación no llegaba y la curiosidad no me dejaba vivir, así que hice lo que siempre cuando no sabía algo, intenté buscar un libro que me explicara cómo era por dentro. Acudí a la mayor autoridad de mi casa: la *Enciclopedia Básica Visual* de Océano, volumen 8. Entre sus páginas seguro que encontraría algo, aunque no sabía exactamente qué debía buscar. En el colegio no me habían enseñado mucho sobre mi cuerpo y en casa nunca utilizábamos las palabras propias para cada cosa, sino eufemismos como «chochito», «culo de delante» o «toto», y seguro que ninguna de ellas salía en la enciclopedia. Así que hice una consulta rápida a mi madre que me dio unas cuantas palabras para nombrar las cosas por su verdadero nombre: útero, vagina. Me parecían suficientes para empezar a indagar. Abrí la enciclopedia por la V y me lancé desesperadamente. Yo era bastante buena buscando palabras y la enciclopedia dedicaba a cada concepto una página entera con ilustraciones: úlcera, ungulados, universidad, universo, URSS (dos páginas), Uruguay, vacuna, Van Eyck, Van Gogh, variz, Vascongadas, vegetación, Velázquez, Venezuela (dos páginas), Verdi, vida, videocasete, vidrio, viento, vikingos, vino, virus, visión, volcán y Wagner. Ni rastro de algo que se pareciera mínimamente a un útero o una vagina. Indignada, le pedí a mi madre que me diera más palabras que nombraran mis genitales o parte de ellos: vulva, óvulo, ovario, matriz, trompas de Falopio. Y pasé a hacer una búsqueda exhaustiva por los ocho volúmenes de la enciclopedia, uno a uno: no encontré ninguna de esas palabras. ¿Por qué las ovejas, las medusas, los rinocerontes tenían su página y mis genitales no? No podía rendirme. Justo en el estante de abajo estaba la *Enciclopedia de Medicina y Enfermería Mosby* (tres volúmenes) y abrí el volumen Ergasia/Ozono. Allí, en la O encontré una foto de un óvulo, una ilustración de mi aparato reproductor y una descripción de los ovarios (eran dos y eso tampoco lo sabía): «cada ovario es compacto y liso y se asemeja a una almendra en cuanto a tamaño y forma. Los ovarios son homólogos de los testículos». Pensé entonces que los ovarios nunca aparecerían en una enciclopedia porque las páginas se reservaban para cosas realmente grandes como México (cuatro páginas), los mamuts o el mar. Algo que tenía el tamaño de una almendra no era digno de nombrarse. Diecisiete años tendrían que pasar hasta que yo misma intuyera la forma de mis ovarios en una ecografía transvaginal y comprobara que no se parecían a dos almendras.

Una vez que todo estuvo mucho más claro, al menos ya sabía que tenía dos almendritas dentro que algún día despertarían de su letargo para expulsar un óvulo cada veintiocho días durante los siguientes cuarenta años de mi vida, me dispuse a esperar pacientemente. Tener útero no me parecía tan malo. Seguía siendo misterioso y secreto y el hecho de que no pudiera hablar de él con ninguna de mis amigas lo hacía más apetecible todavía. Aunque siendo honesta debo reconocer que también tenía miedo. ¿Por qué nadie hablaba de ello? ¿Por qué era mejor decir que tu hija se había caído por las escaleras en lugar de decir que menstruaba? ¿Por qué una de mis amigas le ocultó a su madre durante un año que le había bajado la regla, se compraba ella misma las compresas en el supermercado y tiraba las usadas en las papeleras de la calle? ¿Cómo podía una madre no ver las bragas manchadas de sangre? ¿O es que mi amiga las lavaba a hurtadillas en el lavabo? Demasiados misterios para mis trece años.

El verano casi había acabado y yo me había olvidado del tema. Justo en el momento en que crees que a ti no te va a pasar, que la naturaleza ha decidido excluirte, llega. Lo recuerdo perfectamente. Era un domingo de septiembre, el día antes de ir al instituto por primera vez; a eso de las cinco de la tarde, cuando fui al baño descubrí una mancha marrón en las bragas. ¿Marrón? ¿Qué era aquello? Yo esperaba un baño de sangre roja y brillante como en las películas. Me pareció todo tan natural —al fin y al cabo esperaba aquel momento desde hacía meses— que lo primero que hice fue gritar a mi madre a voces desde el mismo váter: «¡Mamá, ya me ha venido la regla, tráeme una compresa para que no me chorree!».

Lo recuerdo como si fuera ayer... La vulgaridad de mi grito, la indiferencia ante mis bragas sucias y la necesidad urgente de adaptarme a aquello cuanto antes. No había tiempo que perder, al día siguiente comenzaba el instituto. ¡Eso sí que sería una dura prueba! Lo traumático fue comprobar que no había ni una sola compresa en casa. Ni una. Mi madre llamó a mi abuela —ella las usaba para sus pérdidas de orina— y al cabo de media hora, tiempo que pasé sentada en el váter por si me chorreaba, me trajo una de esas compresas enormes y gruesas que parecen pañales que me acompañaron también a mi primer día de clase. Mi primera regla me duró tan solo dos días y no volvió a visitarme hasta el 25 de diciembre. Ella siempre tan oportuna, fastidiando nuestra relación desde el principio.

Desde aquel verano, no he dejado de buscar en los libros relatos y experiencias en torno a la menstruación que me ayudaran a conocer mejor mi cuerpo, he preguntado a mis médicos de cabecera y a mis amigas, pero siempre ha sido un tema para hablar en voz baja, un asunto que hay que seguir tratando como si fuera peligroso y repugnante. Cuando llegué a la universidad di con una escritora en cuyos textos me reconocí. Leyéndola sentí que me hablaba directamente a mí. Era Germaine Greer, y su libro, *La mujer eunuco*. Greer me retó a hacer algo a lo que todavía no me he atrevido: «Si te crees emancipada, intenta probar cómo sabe tu sangre menstrual; si la tarea te repugna, te queda un largo camino por recorrer, nena». Quizá Germaine tenga razón: ¿es tan difícil no sentir asco de una misma? ¿Por qué desde pequeñas nos enseñan a ser dóciles y coquetas, a sentarnos con las piernas cerradas y a no hablar sobre la menstruación?

La mujer eunuco se publicó en Estados Unidos en 1970, dieciséis años antes de que yo naciera, veintinueve años antes de que me viniera mi primera regla. ¿Cómo podía ser que yo hubiera pasado por lo mismo que una mujer que ahora tenía casi la edad de mi abuela? ¿Tan poco habían cambiado las cosas en treinta años? ¡Qué poco sabía y sigo sin saber sobre mi cuerpo! No sabía qué era el útero ni para qué servía; es más, ni siquiera conocía su existencia. Según Germaine, el útero nos revela su presencia tan bruscamente —con sangre, coágulos que parecen pedazos de hígado, calambres, dolores de cabeza y, en ocasiones, hasta diarreas— que cuanto más difícil y doloroso sea el proceso, más negativa será nuestra relación con él a lo largo de nuestra vida.

El atrevimiento que tuvo Germaine al pedir a las lectoras que, si estaban lo suficientemente emancipadas, probaran su sangre menstrual, suscitó escándalo y críticas por parte de algunas feministas que la acusaron de no estar reclamando lo realmente importante: la exención del IVA de compresas y tampones. Veintiséis años después, escribió *La mujer completa*, una especie de continuación de su primer libro y contestó a los que la criticaron que lo que pretendía resaltar era que el hecho de que las mujeres consideráramos nuestro propio fluido menstrual una «porquería» era señal de que todavía estábamos muy lejos de sentirnos orgullosas de nuestro cuerpo, condición necesaria para la liberación. A mí al menos me sorprende que, tantos años después, todavía no nos hayamos atrevido a hacer catas de nuestros períodos ni a manifestarnos para que las compresas tengan el IVA reducido.

En mi búsqueda de experiencias ajenas que hablaran de la menstruación, me topé con la de Greer. Ella no sintió tanta curiosidad por saber qué le esperaba, pero su madre la obligó a llevar durante seis meses una bolsa de papel con compresas e imperdibles en la mochila. Cuenta que cuando por fin le bajó la regla, sufrió un calvario ante el temor de que alguien pudiera adivinarlo o notar el olor. ¡Cuánto miedo seguimos teniéndole al olor! En los anuncios de compresas y tampones todo sigue siendo blanco, puro, inodoro, las chicas bailan y se bañan en piscinas olímpicas y están más felices en esos días que cualquier otro. Nunca me reconozco en ellos y no solo por el tamaño de mis muslos, sino porque esos días no estoy precisamente para danzar por la playa ni dar largas brazadas. Esos días me siento inútil y fea, un despojo, me duelen los pechos, las piernas, la cabeza, y solo tengo ganas de hacerme un ovillo en el sofá y ver series. Ni siquiera la literatura me consuela. Si tengo que trabajar y salir a la calle, lo hago, si estamos en verano y ese día toca ir a la playa, voy, pero que conste que me tomo un ibuprofeno antes de salir y llevo varios en el bolso, por si acaso, y también algún que otro Fortasec y compresas para un regimiento porque siento que me desangro. Una de mis pesadillas recurrentes es esta: sangro tanto, tanto por la vagina que termino desinflándome como un globo: los brazos y las piernas flojos e inertes; la piel, pálida, y mi cuerpo, tirado en el suelo en mitad de un gran charco de sangre como en las escenas de crímenes de las películas.

Pienso en Germaine, en mi abuela Eugenia y todas las generaciones de mujeres anteriores a las compresas desechables, y las compadezco. Generaciones enteras afanadas en la tediosa y repugnante tarea de frotar en el río o el lavadero las compresas hechas de toallas ásperas y trapos, ocultándose, para colmo, de la mirada de sus padres y hermanos con la sensación de estar haciendo algo indecoroso. En su libro *Cómo ser mujer* Caitlin Moran se planteaba que las mujeres habían estado tan ocupadas frotando y frotando que no pudieron hacer campaña a favor del sufragio femenino hasta que aparecieron las primeras lavadoras. ¿Quién no ha lavado y frotado con jabón las manchas secas de sangre de sus bragas? Tengo un cajón en el mueble del cuarto de baño lleno de bragas que guardan todavía pequeños vestigios de menstruaciones pasadas. Ni la lejía ha servido para hacerlas desaparecer. Podría haberlas tirado, lo sé, pero a veces las miro para recordar la lucha de nuestras abuelas y las batallas que a nosotras nos quedan por librar en la tarea de visibilizar la sangre menstrual como símbolo

del poder de nuestros cuerpos. La poeta Sylvia Plath le dedicó el poema «Metáforas» en 1959, que dice así: «Soy un acertijo en nueve sílabas. / Un elefante, una casa maciza, / un melón paseando sobre dos zarcillos. / ¡Oh, fruta roja, marfil, finas vigas! / Esta hogaza se agranda cuando fermenta su levadura. / El dinero está recién acuñado en este grueso monedero. / Soy un medio, una etapa, una vaca preñada. / Me he comido una bolsa de manzanas verdes, / una vez en el tren, ya no hay forma de apearse».

Cuenta Greer que la menstruación debió de ser mucho menos traumática entre los aborígenes que vivían a orillas del río Pennefather en el estado de Queensland (Australia). Cuando a una niña le bajaba la regla, la cubrían con arena caliente hasta la cintura en un lugar sagrado para facilitar las primeras contracciones. Su madre la alimentaba y la cuidaba hasta que pasaba todo y luego la conducía triunfante al poblado con el resto de los habitantes para celebrar un festín en su honor. Aún hoy muchas de nosotras llevamos al baño el bolso entero o la mochila cuando queremos cambiarnos y en el supermercado compramos las compresas con cierta aprensión, mirando de reojo la fila de la caja del supermercado por si alguien se ha dado cuenta de que entre nuestra compra hay un paquete delator. Si la menstruación es una suerte de mandato divino que nos da el poder de traer vida al mundo, ¿por qué no se debe hablar de ella, por qué hay que ocultarla, hacer que huela bien? El simple hecho de que no se pudiera nombrar nos ha obligado a ser muy creativas en la búsqueda de eufemismos: la maldición, la marea roja, el asunto, el menstruo, el marqués, el rey rojo. ¿Qué mujer no ha detestado la regla a lo largo de su vida y la ha visto realmente como una maldición del demonio? ¿Quién no se ha sentido víctima de una broma de la naturaleza? He conocido a muchas mujeres que me han hablado de su «asunto», de los dolores, las inyecciones que se han tenido que poner, las pastillas que toman para aliviar el dolor, las visitas a médicos de cabecera que nunca, nunca, las han derivado al ginecólogo. He conocido a pocas mujeres que me hablaran con alegría de sus reglas, felices y danzando como en los anuncios de la tele. En *El segundo sexo*, Simone de Beauvoir hacía una lista de creencias y leyendas en torno a la menstruación. Aquí van algunas de ellas (y que levante la mano quien no haya oído al menos una): marchita las flores, hace caer la fruta, avinagra el vino, posee poderes maléficos, cuando una mujer deja de tenerla queda inhabilitada para el placer sexual y debe dejar de tener sexo, corta la mayonesa, ennegrece el azúcar… ¡¿Estamos locos?! Una vez me dijeron que los perros huelen la regla y que me podrían morder si me acerco a uno durante esos días. También me han dicho que, si alguien se está fumando un cigarrillo cerca y el humo va hacia ti, es porque tienes la regla. ¿Con qué propósito se difundieron y se difunden todas estas supersticiones ridículas y absurdas? El de hacer que nos sentamos inferiores, sucias, débiles, como si durante los días de la menstruación fuéramos brujas capaces de arruinar cosechas y volver estériles a los hombres. Todo esto me recuerda a la primera vez que un hombre vio con sus propios ojos un clítoris. Lo cuenta Mithu M. Sanyal en su ensayo *Vulva*. El clítoris llegó a percibirse como «una marca del diablo» en un proceso de brujería de 1591, cuando el hombre encargado de examinar a la supuesta bruja descubrió por primera vez un clítoris, lo que inevitablemente demostraba la culpabilidad de la mujer. Lo describió así: «Un pequeño trozo de carne, sobresaliente, como si fuera una tetilla, de media pulgada de largo, estaba escondido, puesto que se encontraba en un lugar muy secreto que era indecoroso mirar».

¿Por qué esa manía de hacer desaparecer todo lo que tiene que ver con nuestros genitales? ¿No es acaso una manera de hacernos desaparecer a nosotras también? En el prólogo de *Monólogos de la vagina*, de Eve Ensler, Gloria Steinem afirma que ella pertenece a la generación de los eufemismos, del «ahí abajo», de palabras que eran rara vez pronunciadas y que cuando salían de la boca de alguna mujer de su familia, lo hacían en voz baja y siempre para referirse a todo lo que estuviera más allá del ombligo, por dentro y por fuera. Sus abuelas y su madre eran mujeres ilustradas, lectoras, pero nunca se referían con orgullo a sus genitales. Pasarían muchos años hasta que Gloria aprendió que las mujeres tenemos un órgano cuya única función era sentir placer: el clítoris. La entrepierna femenina era y sigue siendo una zona innombrable y, al parecer, a las mujeres aún nos cuesta mirarnos hacia dentro.

En *La mujer eunuco*, Greer afirma que nadie se preocupa por comprobar si el útero y los ovarios están en su sitio. Vivimos en una cultura que ignora la existencia del útero hasta que algo va mal. Me cuesta reconocer que hasta los veinte años no supe que en el momento de nacer mis ovarios ya contenían toda la reserva de óvulos que tendré el resto de mi vida. La *Mosby* decía que tengo dos pequeñas almendras ahí abajo, pero nada sobre la reserva ovárica. ¿Por qué nadie me habló nunca de ello? ¿Ignorancia, dejadez, desconocimiento? Desde bien pequeñas vemos los genitales masculinos dibujados por todas partes, en pupitres, cuadernos e incluso en las paredes. Era algo tan normal ver el pene y los testículos hasta en la pizarra de clase que nunca me planteé por qué ninguna niña dibujaba una vulva. Yo no sabía cómo era mi vulva, es más, hasta hace bien poco he estado llamando vagina a lo que desde siempre debería haber llamado vulva. ¡Cuánta desinformación! Ahora hay vulvas de cartón, de tela, bordadas y hasta tatuadas. Ahora veo mi vulva como una especie de cojín sedoso con capas mullidas y rosas, un lugar hermoso capaz de inspirar arte, como en las pinturas de Georgia O'Keeffe.

Cansada de batallar con mis calambres menstruales y mi abundante sangrado, decidí concertar una cita con una ginecóloga que una amiga me había recomendado. Y arrastro todavía mi manía infantil de querer saberlo todo antes de tiempo, lo primero que hice fue *googlearla*. Fue emocionante descubrir que había estado como cooperante en Chad y Vietnam atendiendo a mujeres que pasaban por abortos arriesgados. Leí una entrevista que le hicieron en la que hablaba de los retos de la ONU sobre la salud reproductiva y la planificación familiar. Sí, ella debía ser mi ginecóloga. Siempre he sido una persona muy hipocondríaca y he creído padecer enfermedades imaginarias y he visto síntomas donde no los había. Pero mi útero era demasiado importante como para dejarlo pasar. Hasta los treinta años no me han revisado el útero. Cuando entré en la consulta volví a sentirme la niña de trece años que fui: curiosa, observadora, intrigada ante los aparatos que se desplegaban a mi alrededor. Quería saberlo todo y así se lo hice ver a la ginecóloga. Por primera vez en mi vida me sentí cómoda con las piernas dispuestas sobre los estribos de una de esas extrañas camillas. Durante la revisión la doctora me aclaró dónde estaban mis ovarios y mis trompas de Falopio y yo pude verme por dentro en un pequeño monitor. Entonces tuve una pequeña revelación: todo aquello que había temido siempre, la desnudez, el olor de mis genitales, la mirada ajena, formaban parte de un ritual natural y necesario para conocer mi cuerpo. La gine-cóloga me vio tan alucinada que tuvo el gesto de acercarme un espejo a las piernas y preguntarme si quería que me ayudase a descubrirme el cuello del útero. Me comentó que tenía forma de *donut* y eso me pareció divertidísimo. Me acerqué el espejo y lo vi con mis propios ojos: un *donut* de carne rosada bien redondito con un pequeño agujero en el centro. Todos mis dolores tenían que ver con que el cuello del útero era tan, tan estrecho que mi cuerpo sufría grandes contracciones al dejar salir mi sangre menstrual. Mi hipocondría me había llevado a imaginar un quiste en el ovario derecho, un ovario izquierdo poliquístico o un virus del papilo-ma, pero nunca se me había pasado por la cabeza la posibilidad de tener un cuello del útero demasiado estrecho. Por primera vez en la vida sentí que algo se despertaba ahí abajo: la conciencia de mi útero. Y me acordé de un poema de Anne Sexton que había leído años antes sin entender del todo: «Dulce peso, / en celebración de la mujer que soy / y del alma de la mujer que soy / y de la criatura central y su deleite / canto para ti». El poema se llamaba «En cele-bración de mi útero».

Eve Ensler reunió en su libro *Monólogos de la vagina* las más de doscientas conversaciones que mantuvo con distintas mujeres a propósito de sus genitales. Cuenta Eve que al principio aquellas mujeres se mostraban reacias a hablar, pero que una vez que se sentían cómodas, hablaban ilusionadísimas de la relación que ha-bían mantenido a lo largo de sus vidas con su vagina. Es curioso, pero hasta entonces nadie les había preguntado sobre el tema. Cuando Ensler dice vagina, en realidad se refiere a la vulva, y Mithu M. Sanyal en su ensayo *Vulva. La revelación del sexo invisi-ble* aclara el sentido de estos dos términos y la diferencia. Pero eso ahora no importa. La palabra «vagina» sigue siendo muy poderosa. Recuerdo una vez que estaba en la bañera con Celia, mi hermana pequeña, y me preguntó cómo se llamaba aquello de «ahí abajo». Ella debía de tener tres o cuatro años y yo veintitrés o veinticuatro. No lo dudé ni un segundo, quería que mi hermana dejara de llamarlo «toto» o «culo de delante» y le dije que se llamaba vagina (por entonces todavía no sabía que debía llamarlo vulva). Desde entonces, Celia siempre se sirve de la palabra que le enseñé y su curiosidad ha ido en aumento. Mi hermana y yo nos llevamos veinte años y de alguna manera siento que debo estar ahí para responder a cada pregunta o duda que tenga sobre cualquier cosa pero especialmente sobre su cuerpo. La conversación que nos ocupa desde hace un tiempo es la que yo no podía tener con mis amigas: los misterios de la primera regla. Algo ha cambiado.

En el ensayo *Vagina*, Naomi Wolf cuenta que entrevistó a una educadora de un instituto de Manhattan que le había hablado de lo hartas que estaban las mujeres de que sus compañeros no sintieran ningún respeto por su sexualidad. Sentían que no podían expresar libremente sus deseos y su interés por su propio cuerpo, como si los deseos y las búsquedas personales de las mujeres fueran siempre secundarias. Un día se presentaron en grupo en la asamblea del instituto y pidieron el turno de palabra. Se pusieron en pie y al unísono gritaron: ¡Vagina, vagina, vagina! Para ellas fue la manera más poderosa y natural de tomar el control de sus vidas.

Las cosas que no nombramos, las palabras que no decimos se convierten en secretos capaces de hacer que sintamos miedo y hasta vergüenza. Quiero que Celia pueda hacerme cualquier pregunta

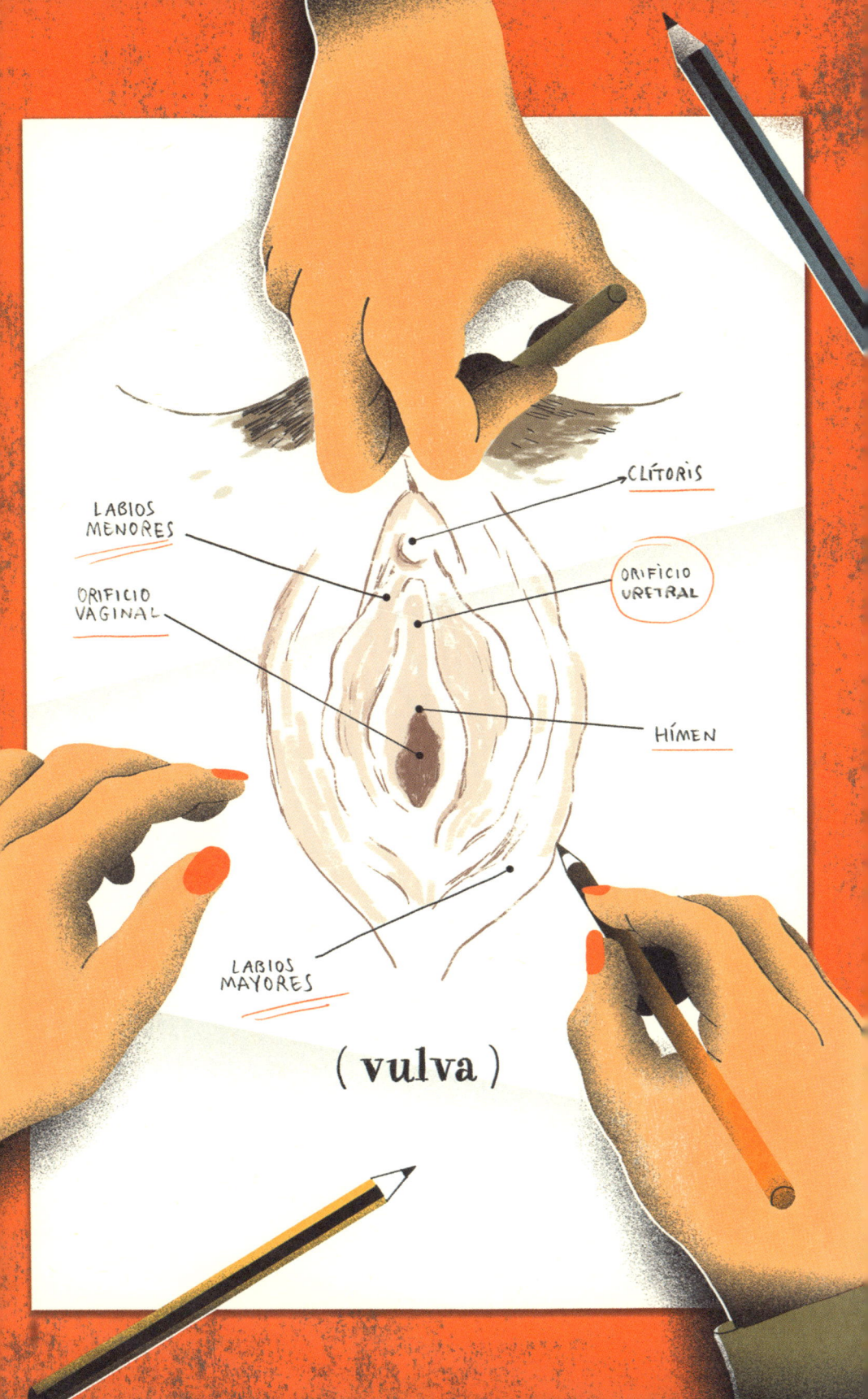

CLÍTORIS

LABIOS
MENORES

ORIFICIO
URETRAL

ORIFICIO
VAGINAL

HÍMEN

LABIOS
MAYORES

(vulva)

que se le pase por la cabeza sin pudor —el pudor es nuestro gran enemigo— y que sienta que su útero es un órgano tan importante como su corazón. No sé si algún día nos pondremos a dibujar vulvas, estoy segura de que mi madre terminaría escandalizándose de mi ocurrencia, pero me gustaría que si alguna vez le piden que dibuje una sepa cómo hacerlo.

¡Vulva, vulva, vulva!

4

Soy gorda y siempre lo seré

> Porque sé bien lo que significa la palabra «gorda»: lo que significa de verdad cuando la dices o la piensas.
>
> CAITLIN MORAN

> La función de la vergüenza es preservarnos de la vergüenza.
>
> CARMEN OLLÉ

No recuerdo el momento exacto en que supe que estaba gorda. No alcanzo a recordar —y me alegro— ese instante en que sientes que no eres como el resto de las niñas, que a ellas nadie las mira raro ni las insulta, y a ti sí. Supongo que la conciencia de mi gordura me llegó el día en que la mirada de los otros se posó sobre mi cuerpo como una extraña maldición de la que nunca, nunca, nunca podré liberarme. Aunque a veces me ría recordando algunos de los insultos que recibía de niña y adolescente, no puedo acordarme sin sentir cierta tristeza y rabia de aquellos días y semanas en los que alguien se obsesionaba con mi cuerpo y me lo hacía saber inventando acepciones hasta entonces desconocidas para mí para palabras comunes. ¿Sabía yo a mis trece años qué connotaciones podía tener una butifarra? No lo sabía, no, pero lo primero que hice aquel día en que todos —todos los chicos de mi clase, no faltó ni uno— me lo gritaron en el recreo, fue buscarlo en el diccionario.

«Butifarra», según mi diccionario escolar, tenía tan solo una acepción: «Embutido hecho con carne y tocino de cerdo, y con especias». ¿Cuál era exactamente el insulto? ¿Llamarme como a una versión sofisticada de la salchicha? ¡Qué inventiva! Desde el principio supe quién fue el instigador del mayor de mis calvarios adolescentes: un chico tartamudo y de enormes orejas que había sido mi mejor amigo en primaria. Muchas noches me dormía pensando en qué mote le daría y en cómo resarcirme de mi drama cotidiano, pero nunca reuní el valor suficiente para actuar. Me callé y acudí a clase día tras día ignorando los insultos y pensando que todo pasaría. En parte, me sentía culpable. Es que era gorda y si era gorda era por mi culpa, porque no montaba en bici, porque me gustaban las chucherías y los frutos secos, porque leía mucho y, como leía mucho, me movía poco. Algo en mi cabeza me hacía pensar que una chica tenía que elegir entre ser lista o ser delgada y yo prefería lo primero.

Creo que la primera persona que me llamó gorda fue mi padre. No lo hizo con maldad. Cuando era niña empleaba un apelativo cariñoso para dirigirse a mí: «Gorda de las Papas», todavía hoy lo utiliza cuando está de buen humor es. Qué insultos más originales, ¿eh? En casa siempre he sido la Gorda de las Papas y nunca he sabido si eso me molestaba o no. Decirle a mi padre que dejara de llamarme así era una manera de enfrentarme a él y podía provocar una discusión. Cuando de niña me miraba en el espejo, no veía a una niña gorda, veía a una niña sana y feliz. Casi todas mis amigas eran más delgadas, de piernas largas y vientre plano. Yo era más rechoncha, las piernas más cortas y contundentes, la barriga curva y los brazos llenitos de carne prieta como los de los bebés. Pero tampoco tenía ningún problema con mi aspecto. Siempre he pensado que lo importante es lo que hacemos con el cuerpo; si yo bailaba, jugaba y corría como mis amigas, ¿por qué iba a ser diferente? ¿Por qué iban a ser peores mis brazos y mis piernas rollizas?

Todavía conservo las fotografías de una excursión que hicimos a un parque acuático cuando estaba en cuarto de primaria, al finalizar el curso. En una de ellas, aparezco junto a mis amigas y la tutora, todas en bañador en una de las piscinas más grandes. Parecemos felices, con el pelo chorreando y el rostro enrojecido por el sol, pero mi cuerpo era como una bolita cubierta por un bañador rosa fluorescente y «Eres la que está más gorda de todas», me hicieron saber mis amigas a los nueve años. Quizá entonces entendí que la palabra «gorda» no era una palabra cualquiera, como bien dice Caitlin Moran en su libro *Cómo ser mujer*, no era solo un adjetivo descriptivo como «pelirroja» o «morena». A los nueve años aprendí, sin entender el porqué, que la palabra «gorda» era una palabrota, un arma, una acusación, e implicaba rechazo. Cuando mis amigas me lo soltaron, en realidad querían decirme que era la más fea, la más rara, la más diferente, la peor de todas. Era una manera de empezar a excluirme de sus vidas.

Durante años intenté encontrar en vano novelas que me hablaran de cómo era aquello de ser gorda, de lo que tenía que hacer para sobreponerme. No iba a dejar de serlo, pero quería aprender a ser una buena gorda, a defenderme, a hablar de ello sin temor ni vergüenza. Quería tener herramientas para combatir la lástima y el asco que les producía a los demás. Y nunca encontré ni un solo personaje femenino gordo. Así que yo podía imaginarme a Jo March con los muslos anchos y a Elizabeth Bennet obligada a usar los corsés más modernos de la época para esconder sus michelines, pero ¿por qué nunca hablaban de ello? Me quedé con la idea fija de que las mujeres debían ser delgadas siempre y si no lo eran, no serían lo suficientemente interesantes para protagonizar la historia. Y si yo era gorda, ¿tampoco podría ser la protagonista de mi propia vida? Al leer sobre la vida de muchas mujeres —ficticias o reales— he aprendido que siguen faltando modelos en los que inspirarme para enfrentarme a la vida. Encontré libros escritos y protagonizados por mujeres, y desde niña me sentí hechizada por sus biografías porque me permitían acceder a un mundo completamente distinto del mío. Necesitaba ejemplos de los diferentes tipos de vida que una mujer podía llevar: artistas, escritoras, científicas, viajeras. Pero siempre echaba en falta sus historias personales y las referencias a los modelos de los que ellas mismas se habían servido para vivir, para aprender a abordar el sufrimiento y el silencio. Con el tiempo me olvidé por completo de mi búsqueda hasta que me topé con Caitlin Moran, hace apenas tres años. Tuve que esperar hasta los veintisiete para encontrar un relato sobre la experiencia de ser gorda en el que me reconociera y que me hiciera sentir menos sola. Supongo que desde que leí *Cómo ser mujer* he estado esperando el mejor momento para seguir su consejo: «Te pido que subas a una silla y repitas la palabra "GORDA". "GORDA, GORDA, GORDA, GORDA, GORDA"».

Ese momento es ahora. No es fácil contar que hubo una época de mi vida en la que, en lugar de llamarme por mi nombre, los niños preferían llamarme «tripa rellena de carne de cerdo picada». Soy gorda. El consejo de Moran sigue: «Repítela hasta quitarle toda la tensión, hasta que parezca normal y acabe perdiendo su significado». Gorda, gorda, gorda, gorda, gorda, gorda, gorda, gorda. «Señala cosas y llámalas "gorda".» Y así me vi llamando gorda a la mesa camilla —por su redondez—, al cesto de la ropa sucia —por lo lleno que está siempre—, a la rueda de repuesto del coche —por su curvatura—. La intención es que la palabra termine desgastándose con el uso y deje de ser un arma de destrucción masiva capaz de hundir la autoestima de todas las mujeres de Occidente. Siempre he querido escribir sobre cómo ser gorda, pero nunca me he sentido capaz. Ahora sé por qué. Una parte de mí me ha hecho creer toda la vida que si no me consideraba gorda, si ignoraba los insultos y los juicios ajenos, no era gorda de verdad. ¿No es eso una especie de censura? Si yo no me llamaba gorda es que no era gorda, porque ser gorda era lo peor que te podía pasar. Entrabas a formar parte de un club de mujeres —sí, mujeres, los hombres nunca han sufrido como nosotras el imperativo de la belleza canónica— que nunca se pondrían minifalda ni biquini, que en público pedirían ensaladas, pero en casa se comerían las tarrinas de helado que escondían detrás de los guisantes en el congelador. La «Hermandad de las gordas»: mujeres que sin haberse dirigido nunca la palabra son capaces de reconocerse entre la multitud bajo sus abrigos negros y sus pantalones negros y sus zapatos negros. Porque ¿hay otro color que esconda mejor nuestra vergüenza? Durante toda mi adolescencia fui una de ellas. Pensaba que tenía el culo demasiado gordo, tan gordo que no podía mostrarlo y por eso siempre salía a la calle con un jersey anudado a la cintura. En invierno o en verano, el jersey me protegía de todas las miradas, porque lo que había que evitar a toda costa eran las miradas. Si no sabían que estabas allí, si no notaban tu presencia, nadie se daría cuenta de que eras una gorda. Daba mucho miedo decir la palabra. Si la decías, todo se volvía en tu contra. Como heredera de la culpa judeocristiana que soy, yo era la única culpable de ser gorda: por comer demasiado, por no hacer ejercicio, por mirarme al espejo y verme bien cuando en realidad debería estar viendo una foca con brazos. Ese era mi secreto para soportarlo todo: yo me seguía viendo guapa.

Cuando llegué a la adolescencia una parte de mi familia, sobre todo mi abuela, se preocupó porque no adelgazaba —esa es la principal meta de las gordas: adelgazar, pasarse la vida queriendo ser otra o, mejor, queriendo ser la mitad de una— y mi madre decidió llevarme al médico. Después de algunas pruebas y análisis de sangre descubrimos que sufro de hipotiroidismo, una enfermedad que hace que la tiroides produzca menos hormonas de las que el cuerpo necesita. Cuando lo supimos, pensamos que podía ser uno de los motivos por los que no bajaba de peso, pues estas hormonas controlan el metabolismo y si el cuerpo produce menos, el metabolismo va más lento y puedes engordar. ¿Y si resultaba que no tenía la culpa de ser gorda? ¿Y si nací gorda? Eso fue un gran alivio para mí. En mi mente fantasiosa imaginé que el médico me recetaría la cura para mi gordura en forma de inyección o pastillita, que sería delgada y, lo mejor de todo: ¡dejarían de llamarme butifarra! Pero no, es una enfermedad que no tiene cura. Lo único que se puede hacer es tomar una pastilla minúscula que ayuda a controlar la tiroides. Y desde los quince años me la tomo cada mañana justo antes de desayunar. No se me puede olvidar nunca. Si algún día dejara de tomarla, podrían pasarme cosas incluso

peores que estar gorda —ya lo he mirado en la *Mosby*: infertilidad, abortos espontáneos, cardiopatías, insuficiencia cardíaca—. Así que me la tomo cada mañana desde hace más de quince años. Pero no he dejado de ser gorda.

Recuerdo también que por aquella época salía con mi segundo novio, un chico del pueblo, bajito, rubio y delgado, medíamos casi lo mismo, pero yo pesaba un poquito más. Una vez que vino a recogerme a mi casa, nos encontramos con una de las vecinas y lo que aquel día me dijo no se me olvidará en la vida: «Deberías adelgazar porque a tu lado tu novio parece demasiado pequeño. Y eso no está bien». Tenía entonces dieciséis años y aunque ya me manejaba bien con las palabras, en aquel momento no encontré las necesarias para mostrarle a mi vecina lo rabiosa y triste que me sentí por aquel comentario. Mi novio no le dio la menor importancia, parece ser que estaba acostumbrado a ser el novio de una gorda. Me enteré al cabo de un tiempo de que cuando empezamos a salir algunos de sus amigos —todos chicos— le preguntaron por qué había dejado a su anterior novia si yo estaba mucho más gorda. Todavía siento en mi cuerpo el peso de todas esas miradas juzgándome, lo recuerdo y duele. No importaba lo lista que fuese, las notas que sacara, mis sueños, lo que quería ser de mayor, mi humor, mi desparpajo, lo único importante eran esos kilos que me sobraban, esos kilos asomándose sin pudor para que todos pudieran verlos, ese cuerpo hecho de redondeces que no encajaba.

A los diecisiete años tomé la decisión de ir al gimnasio, ponerme por primera vez a dieta, cambiarlo todo. Lo peor no fue el ejercicio, sino dejar de comer lo que me gustaba, porque mi relación con la comida era sana, quizá no comía todas las frutas y verduras recomendadas, pero me encantaba comer. Poco a poco fui perdiendo peso hasta quedarme con treinta kilos menos. Era otra persona. Cuando comparaba las fotografías veía a otra persona escondida dentro de mí, una persona más bella y delgada que gustaba mucho más a los demás, a quien piropeaban por la calle. Cualquiera se sentía autorizado para decirme: «Antes estabas demasiado gorda. Así estás mejor. Tu novio sí que tiene que estar contento». Y esos comentarios seguían doliendo porque yo no era otra persona, aunque lo parecía, pero cuando me miraba al espejo, aunque me viera los huesos a través de la carne, algo que antes no ocurría, seguía viéndome bella y gorda. La cuestión era que, aunque hubiera adelgazado, tenía una imagen mental de mí que no se correspondía con la real, pues yo siempre me había visto bien, incluso con mis kilos de más. Porque cuando se es gorda, es para siempre. Lo más curioso de todo el proceso fue descubrir lo celoso que se volvió mi novio. Según él, ahora que había adelgazado lo dejaría porque cualquiera podría ver lo guapa que era.

Me sentía muy sola. Siempre me he sentido sola. Nunca he podido hablar de mi peso con los demás, ni siquiera con mi madre. Era un asunto que me producía mucha vergüenza. Por eso fue toda una revelación para mí leer en *El mito de la belleza* de Naomi Wolf. La autora afirma algo que yo intuía en mi interior, algo que creí que era una especie de neurosis mía por no saber adaptarme a mi condición de gorda. Wolf dice que la identidad de las mujeres debe apoyarse en la premisa de la belleza. La única manera de obtener la aprobación de los demás es siendo guapa y delgada, y si no eres ni una cosa ni la otra, o no lo eres de una manera convencional, te sentirás siempre vulnerable e insegura. La inseguridad te atenazará toda la vida y si no eres lo suficientemente fuerte, te hundirá.

Después de Moran, llegó Lena Dunham, y volví a reconocerme en ella. Por primera vez veía en una serie de televisión a una mujer protagonista que estaba gorda. Éramos dos tipos distintos de gordas: a Hannah Horvath, su personaje en *Girls*, no le daba vergüenza mostrar su cuerpo, pero a mí sí. Aun así, podía sentirme hermanada con ella, con el personaje y con la mujer real que había detrás del personaje. Lena Dunham tenía mi edad, escribía, protagonizaba su propia serie y estaba gorda. ¡Qué heroína! Quizá el hecho de nacer en Nueva York, en lugar de en un pueblo de Sevilla, y ser hija de padres artistas, hizo que se sintiera segura de sí misma desde niña, tan segura de sí misma —aunque ella ni siquiera se diera cuenta— que pudo con todos los insultos y comentarios negativos y supo reírse de sus fracasos personales y compartirlos con nosotras. Pero cuando leí su libro de memorias, *No soy ese tipo de chica*, comprobé que en su adolescencia se sentía tan mal consigo misma como yo. Su libro arranca así: «Tengo veinte años y me odio a mí misma. Mi pelo, mi cara, la curva de mi barriga. La forma en que mi voz sale vacilante, y mis poemas, sensibleros». Ahí supe ver un fino hilo que nos unía a miles de muchachas que a los trece, quince y veinte años se sentían tan feas y perdidas como nosotras. Al leer el libro de Lena no podía dejar de preguntarme qué ha pasado en la sociedad para que una chica llegue a odiarse tanto a sí misma por su físico como para desear autodestruirse. Dunham comparte con los lectores de sus memorias el documento donde, a modo de diario, guardaba todas las dietas que había seguido a lo largo de los años para intentar perder peso, es un gesto simbólico y muy valiente, revelador para alguien como yo, que a miles de kilómetros de distancia, en un lugar completamente distinto, decidí rebuscar en los cajones de la cocina mis propias dietas. Y encontré varias, de los años 2003, 2005, 2008 y 2012. La última, la que empecé en abril de ese año, la tengo colgada en el frigorífico.

Cuando salgo de la ducha, me miro en el espejo y contemplo mi cuerpo detenidamente. Si ganas y pierdes peso varias veces a lo largo de la vida, la piel y la carne se vuelven blandas, flácidas, y los muslos, la barriga y puede que también los pechos se llenan de unas líneas primero rojas y con el tiempo blancas que surcan tu cuerpo por completo. Las estrías son cicatrices que se han instalado en tu cuerpo para recordarte todo aquello por lo que has pasado, son como los anillos de los árboles, están ahí para que puedas ver el paso del tiempo.

Al igual que Dunham, pasé toda la adolescencia pensando que mi vida estaba en otra parte. Que mi vida no podía ser la que tenía en el pueblo, que mis amigos no podían ser los que tenía entonces, amigos que me rechazaban, amigos que me juzgaban también porque me gustaba leer en el recreo. O quizá leyera en el recreo porque me sentía demasiado sola. Algún día todo aquello pasaría y conocería a gente a la que gustaría tal y como era, con mi voracidad por la comida y los libros. Ahora que soy algo mayor, pero sigo siendo muy joven, no me preocupa tanto el peso o lo que los demás piensen de mí; sin embargo, como bien dice Dunham en su libro, hay muchas fuerzas que conspiran para decirnos que nuestras ansiedades son insignificantes, que nuestra voz no necesita ser escuchada, que nuestra historia no cuenta. Cualquiera —nuestros amigos, novios, vecinas, madres, abuelas— tiene derecho a opinar sobre nuestro cuerpo, nuestra ropa, nuestra forma de hacer las cosas, y nosotras, pobres niñas inmaduras que todavía no saben nada de la vida, debemos cerrar la

boca. ¿Por qué debemos callarnos? ¿Para caer bien? ¿Para no resultar demasiado rabiosas, demasiado chillonas o demasiado feministas? Durante muchos años de mi vida me he esforzado por caer bien, por gustar a todo el mundo, en especial a los hombres. He seguido los consejos, sobre todo de familiares que me decían que no fuera tan escandalosa, tan mandona, tan contestona. Y sin saberlo, porque hay cosas que una desde niña hace sin saberlo, he buscado la manera de ser feminista, de expresarme, de decir siempre lo que pienso. ¿Les decían a mis compañeros cómo tenían que comportarse en el recreo? ¿Les enseñaban a ser amables, comedidos y a no ensuciarse la ropa? ¿Cuántas revistas existen que les den consejos sobre cómo deben ser? Quizá un par. Pero ¿cuántas revistas femeninas hay? Todo está plagado de artículos con consejos sobre cómo moldear tu cuerpo y tu carácter para complacer al mundo: «¡SOS Barriga! Cómo eliminar la hinchazón», «Adelgaza donde lo necesites: tripa, piernas, brazos…», «Cirugía con *make up*. A grandes males: maquillaje», «De la cama a la mesa. Cómo hacer que tu relación sea oficial»… ¿Cuántas veces me he visto empujada por este tipo de revistas en las que alguien como yo nunca protagoniza una página? ¿Tendremos que conformarnos las gordas con vivir a través de esas modelos «curvys» guapísimas y perfectas —las curvas en su sitio justo, ni un gramo de celulitis asomando, ni una estría blanca en los muslos— con las que tampoco tenemos mucho que ver?

Se aprende mucho sobre cómo rebelarse leyendo a mujeres como Germaine Greer. Por muchos que sean los méritos de una mujer, no vale nada si no es guapa. Cada día que pasa va perdiendo la belleza. Jamás será lo suficientemente bella. Cuando se mire al espejo verá alguna parte de su cuerpo (las rodillas, el culo, los pechos, los brazos) que no da la talla —siempre inferior a 38—. «Aun cuando todo ello sea perfecto e intachable —dice Greer—, sabe que en su interior tiene unas tripas repletas de comida en descomposición; tiene una vagina que huele y sangra. Es humana, no es una diosa ni un ángel.»

Yo me resisto a la tiranía de las revistas de moda y a lo que se espera de mí. Ahora que tengo una confianza conseguida a fuerza de ponerme biquini en la playa y vestirme de amarillo —uno de mis colores fetiche—, puedo decir que lo que más quiero en esta vida es ser yo misma y dejar de dar importancia al hecho de que se me juzgue más por mi aspecto que por mis palabras. Aun así, buscar vestidos amarillos que me favorezcan o teñirme las canas si no me veo bien con ellas —confesión: las sufro desde los dieciséis años— para mí también es feminista siempre que lo decida yo para sentirme mejor conmigo misma, no porque tenga que complacer a nadie. Por lo que nunca volveré a pasar para complacer a nadie es depilarme el pubis. ¿Qué obsesión nos ha dado a todas por arrancarnos hasta el vello más pequeño de nuestro cuerpo? Germaine también tiene algo que decir respecto a eso: «Se espera que las mujeres forcejeen a diario con toda clase de depilatorios para aparentar que tienen la piel lampiña. Se consideraría una obscenidad ambulante a una mujer que paseara con un biquini por el que asomase una mata de vello púbico. Esta inseguridad se ha inculcado a las mujeres a lo largo de generaciones y no hemos avanzado nada en la lucha por superarla». Estés donde estés, Germaine, desde aquí te digo que sigo con toda fidelidad tu mandamiento de dejarse crecer salvajemente el vello. Y os lo digo a todas vosotras que me leéis: aprende a amar tu vello, hermana.

He pasado muchas noches tumbada en la cama agarrándome

la carne de los muslos y de la barriga con las manos, apretándola e intentando que desapareciera, como si de un momento a otro, si presionaba y presionaba, toda la carne que me sobra, pudiera volatilizarse. Pero pocas veces, casi ninguna, he mantenido una conversación con otra persona sobre la angustia que me producía ser gorda. De adolescente me pregunté muchas veces si sería posible quejarse en público del dolor que me causaban los comentarios de la gente. ¿Qué voz habría sido apropiada para gritar al mundo que no me importaba ser gorda, que mi mayor problema eran los insultos, el menosprecio constante? ¿Cuántas chicas como yo estaban en la cama sintiéndose terriblemente solas y sin poder contarlo? Algunos años después, al leer *Escribir la vida de una mujer*, un ensayo de la escritora estadounidense Carolyn G. Heilbrun me di cuenta de que utilizar la palabra «gorda» como un arma era otra forma de negarme el poder. Heilbrun escribió que la identidad de la mujer, el derecho a tener su propia historia —en mi caso, el derecho a no dejarme despreciar por ser gorda—, depende de su capacidad para actuar en el ámbito público. Las mujeres necesitamos aprender a declarar delante de todos nuestro derecho a poder ser, a defender que el papel que desempeñamos cuenta para algo. Después me topé con Eve Ensler y entendí que a la palabra «gorda» le pasaba lo mismo que a la palabra «vagina»: si la dices mil veces —gorda, gorda, gorda, gorda, gorda, gorda, gorda—, la palabra se vuelve tuya, te pertenece. Y comprendes entonces que toda la vergüenza y la incomodidad que has sentido hasta ese momento al decirla y al oírla son ingredientes de una estrategia para silenciarte, para negarte el poder. Si dices gorda —gorda, gorda, gorda, gorda, gorda, gorda, gorda— dondequiera que puedas, si la sacas en todas tus conversaciones, la vergüenza desaparecerá y los insultos cesarán porque las gordas seremos visibles y reales y estaremos conectadas con otras gordas poderosas y sabias que no tienen miedo a hablar de su peso.

5

Mi consejo para todas: vale la pena volar

> Mi vida había permanecido —como un Arma
> Cargada...
>
> EMILY DICKINSON

> Cuanto más leía, más unida me sentía a través
> del tiempo con otras vidas.
>
> JEANETTE WINTERSON

En 1986, el año en que nací, se produjeron dos importantes acontecimientos: se cumplía el centenario de la muerte de la poeta Emily Dickinson y abría sus puertas la biblioteca municipal en mi pueblo. Hasta los diez años pensaba que en el mundo había muy pocos libros, los que había en casa, los que mi padre me traía de vez en cuando y los que mi tío Antonio me regalaba por Navidad. Yo los leía como se lee a esa edad si no te has criado en una casa de padres lectores: de manera desordenada, siguiendo el instinto más primario, es decir, la atracción por el título y la portada. Desde niña fui un ser débil que se sentía atraído por los colores brillantes y las encuadernaciones en piel. Me gustaban sobre todo los libros que parecía que llevaran siglos en la estantería, especialmente me llamaban la atención los que estaban cubiertos con un leve polvillo. Registrar con cautela los armarios de la casa de mi abuela y de mi tía Carmen hacía que me sintiera una intrépida exploradora. En mi torpe búsqueda, imaginaba que cada libro era un cofre con poderes mágicos capaces de cambiarme la vida para siempre. Mis fantasías más recurrentes eran tres: podría convertirme en la mujer araña y subir a la torre Eiffel, podría tener la capacidad de volar y así no tendría que subir con mis ocho patitas a las alturas o podría hacerme rica y haría que me construyeran en el patio de casa una réplica de la torre Eiffel, más alta todavía. Un día en clase, la maestra nos informó de un concurso de dibujo que había convocado la biblioteca del pueblo. Recuerdo que era el mes de diciembre porque el concurso consistía en dibujar la puerta del Congreso de los Diputados. Al concejal de Cultura de Alcalá se le ocurrió la brillante idea de organizarlo para conmemorar el día de la Constitución. Imagino que en sus respectivas clases todos los niños del pueblo sentirían más bien poco entusiasmo. Los más imaginativos podíamos tener cierto interés en participar, al fin y al cabo, si conseguías ver aquellas enormes puertas como la entrada a una misteriosa fortaleza custodiada por un par de feroces leones, hasta parecía un tema emocionante. Menos motivador todavía era el premio: una colección de *Cuadernillos Ilipenses*, unas finísimas revistas que se publicaban desde hacía algunos años sobre la historia y curiosidades del pueblo. Alcalá del Río no era un pueblo cualquiera del valle del Guadalquivir, sino el escenario de las guerras púnicas entre romanos y cartagineses. Los dos cañones de la plaza de España, recuerdan que el terreno donde Ilipa Magna se construyó fue desde tiempos inmemoriales un lugar apropiado para la defensa.

No sé por qué me sentí capaz de ganar el concurso; toda la seguridad que a los treinta años me falta, me sobraba a los diez. Así que una tarde lluviosa de principios de diciembre me planté en la última planta del peculiar edificio con olor a pescado podrido de la plaza de Abastos en el que se ubicaba la biblioteca. Me acuerdo de aquella tarde como si fuera ayer. Dos concursantes, todo un éxito de convocatoria, una niña que sería mi mejor amiga durante algunos años de mi adolescencia y yo. Allí estábamos, felices las dos, pensando que no sería tan difícil ganar el suculento premio, ya que no participaba nadie más. Nos esperaba el concejal engalanado con camisa y chaqueta para la ocasión, como si aquello fuera una entrega de medallas olímpicas. Las dos concursantes nos sentamos con un folio en blanco delante y un par de lápices, pues el dibujo debía ser en blanco y negro, realista, acorde con la imagen real verdadera del Congreso. A esa edad poco sabía yo qué era el Congreso, pero le pedí a mi madre que me lo enseñara y entre las dos buscamos una fotografía en un periódico. Aunque no se veía muy bien, se intuían las seis columnas y los dos leones vigilantes. Si aquello hubiera sido un concurso de verdad, creo que lo habría ganado yo, ya que mi dibujo era muy cercano al original. El de la otra niña era demasiado fantasioso, el Congreso aparecía entre nubes sonrientes como si estuviera flotando, como si cielo y tierra fueran una misma cosa. Hasta entrega de diplomas hubo —todavía lo conservo—, y nos dieron a cada una la colección completa de los *Cuadernillos Ilipenses* que me llevé felicísima a mi casa. Me leí de principio a fin los cuadernillos, que tienen en las estanterías de mi habitación un lugar especial, y devoré con especial furor los dos números dedicados a las leyendas alcalareñas más morbosas. Las historias que encontré en ellos y me aprendí de memoria me sirvieron durante algún tiempo para atormentar a mis compañeros de clase en los recreos y todavía hoy las uso para preparar el *tour* por el pueblo para quienes se atreven a visitarme. Las más míticas eran las del callejón de los Muertos y la de la Santa Compaña. Tiempo después, mi hermano pequeño descubriría los cuadernillos y se sentiría tan fascinado como yo con aquellas leyendas que hablaban de un pueblo donde nunca pasaba nada pero que en otro tiempo había sido escenario de asombrosas historias.

Lo que aquel día vi en la biblioteca me dejaría asombrada para siempre: decenas de estanterías clasificadas por género literario y ordenadas alfabéticamente. Me pareció que todos los libros del mundo se escondían allí, en la planta más alta de un edificio por el que había pasado miles de veces sin saberlo. ¿Cuántos años hacía que la biblioteca estaba abierta? ¡Y yo pensando estúpidamente que los libros se acababan en las estanterías de mi casa! La siguiente vez que fui de visita a la biblioteca fue para sacarme el carné y llevarme libros. No recuerdo cuántos, todos los que pude sacar. ¿Dos, tres, cinco, diez? Dudo que fueran tantos y no creo que los leyera todos, pero tenía que empezar pronto porque había tantos libros entre aquellas paredes que si no me daba prisa, no me daría tiempo a leerlos todos. ¿Qué otra cosa se podía hacer en la vida, en aquella vida mía entre cuatro calles empedradas y un montón de tardes todas iguales, sentada en el poyete de la casa de mi abuela, sino leer?

La lectura se volvió entonces una cosa seria. Algo que no hacía solo para pasar el rato, sino para descubrirme, para ligarme a otras vidas ajenas y desconocidas que me atraían sin remedio. Al leer podía ser lo que quisiera, podía ser quien quisiera y qué más

daba que los otros niños me miraran raro, que no entendieran esa fijación por llevar algún libro siempre a cuestas, también algún periódico o cuadernillo y muchos folios, de un lado a otro del pueblo como si llevara encima una biblioteca ambulante. Me agarraba a los libros como podía agarrarme a cualquier amiga cuando tenía miedo: bien fuerte del lomo, esperando que la tormenta pasara, que la lluvia cesara y que la noche volara rápido para empezar de nuevo. Todavía conservo la costumbre de llevar siempre encima varios libros empezados, un par de cuadernos —uno para citas, otro para pensamientos propios—, lápiz, bolígrafo y algún que otro suplemento atrasado para releer fragmentos. Estoy segura de que si alguien pudiera distinguir desde su casa la ventana de mi habitación, vería la luz encendida hasta altas horas de la noche. Muchas veces la he abierto y me he asomado con la esperanza de ver luces encendidas en mesitas de noche ajenas, y el deseo de que algún día ese hipotético lector y yo pudiéramos encontrarnos a la luz del día y hablar de libros. La biblioteca pública de Alcalá fue durante mucho tiempo una torre donde esconderme de todo aquello que detestaba del pueblo y una fuente de lecturas casi tan desordenadas como las de mi infancia. Prácticamente no supe qué era ir a comprar libros a una librería hasta que llegué a la universidad. Durante mucho tiempo pensé que los libros eran algo que pasaba de mano en mano, que se compartía, que nunca sería mío para siempre. Pero a la vez sabía que todo lo que tenía eran los libros.

A medida que crecía y leía, cada vez de una manera más certera, dando saltos más hábiles, comprendí que la biblioteca de Alcalá fue para mí lo mismo que la de Accrington para Jeanette Winterson. En *¿Por qué ser feliz cuando puedes ser normal?*, ella cuenta que después de leer a T. S. Eliot, decidió añadir a su lista de lecturas la poesía, porque, al ser más fácil de aprender de memoria, podía usarse como luz y como láser: «Ilumina tu verdadera situación y te ayuda a cortar con ella». Fue en la biblioteca donde Winterson se dio cuenta de que no estaba sola, de que algunos de los escritores que leía fueron extranjeros, fugitivos, náufragos y extraños en sus pueblos y ciudades, siempre escribiendo hacia delante, como si cada línea fuera un segundo ganado al tiempo. A los catorce años yo tampoco tenía ni idea de qué era el feminismo y leía lo que caía en mis manos o me llamaba la atención en las estanterías. Pero me daba cuenta de que había muchas menos mujeres que hombres. Si lees, llega un momento en que te das cuenta de que han caído en tus manos muchos más autores que autoras y que ellas están más escondidas, más apartadas, como en silencio. Y hay un momento en que no basta con los libros de ellos, es como si te faltara por conocer la vida de decenas de mujeres que podrían ayudarte a vivir la tuya. Por suerte, yo ya había leído a Louisa May Alcott, a Jane Austen, a Astrid Lindgren. Ahí tenía ya cuatro modelos de mujer distintos en los que mirarme: Jo March, Elizabeth Bennet, Pippi y Celia. Pero no eran suficientes. También me interesaba leer sobre la vida de las autoras de esos libros, sobre las circunstancias vitales que habían dado forma a esos relatos. «Cuanto más leemos —escribe Winterson—, más libres nos volvemos.»

Creo que tenía catorce años cuando encontré en la sección de poesía una pequeña antología de una poeta que había muerto justo cien años antes de que yo naciera y que había pasado casi la mitad de su vida encerrada en su habitación. El libro, una edición algo gastada y de hojas amarillentas, incluía una brevísima introducción en la que la llamaban «la loca de Amherst». Sus poemas me resultaron extraños y enigmáticos, no llegaba a comprenderlos del todo, yo venía de leer a Lorca, Cernuda y Machado, entendía lo que me decían, conocía sus vidas, pero de Dickinson no sabía nada.

A los veintinueve años decidió, no se sabe por qué, dejar de viajar, no salir de Amherst, de la casa de su padre y de su cuarto propio. Virginia Woolf todavía no había creado el concepto, pero Emily Dickinson lo puso en práctica un siglo antes. Después de leer aquellos primeros poemas confusos para mi yo adolescente, busqué todo lo que escribió —más de mil seiscientos poemas, más de mil cartas— y todo lo que se ha escrito sobre ella. Tras su muerte a los cincuenta y seis años, dejó en los cajones de su escritorio pequeños cuadernillos llenos de poemas que ella misma cosía. Quien haya dicho que Emily fue un ser pequeño o débil, una niña grande, una «reina reclusa» —como la llamó Samuel Bowles, el jefe de redacción del *Springfield Republican*, a quien ella se negó a conocer en persona—, se equivocaba. La poeta de Amherst fue una mujer ambiciosa en aquello que le ocupaba la vida y el sueño: la escritura. Durante toda mi vida, la he leído con devoción, como si me enfrentara a las Sagradas Escrituras, pero con una fe mayor. En mi adolescencia me la imaginaba inclinada sobre su escritorio, con una vela encendida, dejando que cualquiera que paseara por los campos de noche conociera su secreto. Yo creo que Emily se reía de aquellos que consideraban su vida pequeña o limitada. Tiene unos versos que dicen así: «Los Sabios — la llaman pequeña — / Creció — como los Horizontes — en mi veste / Y — con delicadeza — me sonreí — ¡"pequeña"!».

Tan poco me gustaba mi pueblo, que lo único que quería era estar en otra parte, en cualquier lugar que no fuera aquel. Sin em-

bargo, si nunca conseguía marcharme, si la vida acababa conde-
nándome —a esa edad yo era muy melodramática, ahora también, pero menos—, podría seguir el ejemplo de Emily, vestirme
de blanco y escribir poemas y cartas. No sabía a quién escribiría
las cartas, todos los que conocía estaban demasiado cerca, pero
tenía tiempo, tenía toda la vida para intentar salir, y si no podía
volar, volvería justo antes de cumplir los treinta a Alcalá y me en-
cerraría en la casa de mis padres. (Es irónico, pero si le damos
cuerda al reloj hacia delante, habrá un día en que me veré obligada a volver al pueblo, a la habitación de la infancia, y dará la casualidad de que será poco antes de cumplir los treinta. Pero hay
que esperar para llegar a ese punto de la historia.) A los quince,
dieciséis años, nada podía ser peor que encerrarme en mi habitación. Yo quería ir a donde ocurrían las cosas. ¿Qué clase de vida
llevó Emily Dickinson encerrada entre cuatro paredes, sin aventuras ni experiencias directas?

Antes de encerrarse, Emily viajó y estudió. Fue al Mount Ho-
lyoke College, la primera universidad para mujeres que se creó en
Estados Unidos. Llegó a estudiar historia, retórica, astronomía y
botánica; no obstante, no se sabe bien por qué, en 1848, su hermano Austin, un año mayor que ella, fue a buscarla para llevarla
de vuelta a casa. Se ha dicho que quizá sufría de epilepsia y que
eso hizo que sus padres quisieran que estuviera segura en casa, tenerla cerca. Yo no acabo de creérmelo. Al leer sus cartas y poemas
se descubre a una mujer tan llena de vida, tan inteligente y talen-
tosa, con tantas ganas de volar… En una carta que escribió a los
veinte años a una amiga y antigua compañera de clase, Abiah
Root, le cuenta que ha tenido que ocuparse de su padre y de su
hermano porque su madre estaba enferma; le parece tan absurda

EMILY DICKINSON

Amherst, Massachusetts, 1830-1886.

Escribió más de dos mil poemas que permanecieron inéditos hasta su muerte.

A los veintinueve años decidió encerrarse en la habitación de la casa de su padre y, salvo para estar con su familia, nunca más volvió a salir.

A lo largo de su vida, escribió más de mil cartas.

«Estando sola en este gran mundo, no lo estoy del todo».

la idea de dedicarse al hogar que creo que Emily fue mucho más lista que las demás y nos engañó a todas. Fue ella la que quiso encerrarse en su habitación para escribir, esa era la única manera que encontró de ser libre. Quería tener más espacio, quería correr riesgos a través de la escritura, transformar su destino como mujer. Qué irónica era, quién sabe si, de haber nacido en este siglo, Dickinson hubiera sido monologuista: «Papá y Austin siguen reclamando comida, y yo, como una mártir, los nutro. ¿No te encantaría verme con estas cadenas de gran desesperación, hurgando en mi cocina y rezando por algún tipo de liberación, y declarando por "la barba de Omar" que nunca me vi en tales aprietos? Mi cocina, creo que la llamé: No permita Dios que sea o vaya a ser mía. Dios me guarde de lo que llaman hogares». ¿Y si recluirse fue la mejor manera que encontró para rebelarse contra su padre?

Edward Dickinson era un hombre duro, estricto, quería que su hija leyese, pero solo los libros que él eligiera. Su hijo describió a los hombres de la familia como nacidos «dentro del sonido de la vieja campana del templo, todos hombres graves y temerosos de Dios». Creo que Emily no le temía a nada, ni siquiera a su padre, por eso leía compulsivamente las novelas de sus contemporáneas con las que más identificada se sentía: *Cumbres borrascosas,* de Emily Brontë, y *Jane Eyre,* de Charlotte Brontë. Un poema de Dickinson se me quedó grabado a los veinte años, cuando yo no sabía qué hacer con mi vida, si seguir con mi novio de siempre o irme al extranjero: «Acudió a Su Exigencia — abandonó / Los Juegos de Su Vida / Para aceptar el honroso Trabajo / De Mujer y Esposa». En una carta que Dickinson escribió a Thomas Wentworth Higginson, su consejero literario durante muchos años, le dijo que su padre le compraba muchos libros pero le pedía que no los leyera porque «teme que sacudan la Mente». Fue su padre también quien le recomendó que no publicara sus escritos, que si quería escribir, lo hiciera en privado. Al leerlo, recordé cómo me miraban algunos compañeros de clase por leer en el recreo, por decir que escribía poesía —yo también quise ser una poeta enclaustrada con tal de escribir algo mínimamente parecido a lo que mi hermana Emily escribió—; cómo, algunos años después, ya en el instituto, aquellos seguían pensando que tenía demasiados libros, que los libros no servían para nada. Encontrar el espacio propicio para la lectura y la escritura desde pequeña es algo reservado tan solo a unos pocos, los demás hemos tenido que escondernos muchas veces para practicar la escritura sin ser vistos, como si estuviéramos haciendo la güija. Leer y escribir siempre ha sido considerado por la mayoría de la gente una rareza, una extravagancia. Emily hubo de tener mucha confianza en sí misma y en su talento como poeta para anteponer su impulso creativo a las obligaciones que debía cumplir como mujer del siglo XIX.

Hay muchas maneras de volar. En mi adolescencia pensaba que la única manera que tenía de salir de allí era irme lejos del pueblo, pero, con mis limitados recursos, la lectura era la manera más directa de volar. ¿Fue Emily, sin apenas salir de Amherst en toda su vida, una mujer satisfecha de sí misma? Creo que sí; escribió todo lo que quiso, leyó todo lo que quiso y a través de la correspondencia encontró la forma de estar en el mundo sin estarlo del todo. En una carta que le escribió a su amiga, cuñada y, posiblemente, amor platónico, Sandra Gilbert Dickinson, le dijo que estando sola en este gran mundo, no lo estaba del todo. Aunque Emily no saliera de su cuarto, tendría una ventana en la que acodarse, como Emma Bovary: «La ventana, en provincias —escribiría un siglo después Flaubert—, reemplazaba a los teatros y a los paseos».

De los quince a los veinte yo también tuve una de esas ventanas de provincia y no tenía claro qué quería hacer con mi vida. Sentía que debía mirar hacia delante, siempre hacia delante, pero sin preguntarme demasiado por el futuro. La mayoría de las veces no lo conseguía. Ahora me siento ridícula pensando en lo exagerada que he sido siempre, en lo rápido que he querido vivir, como si temiera que la vida fuera a acabarse en cualquier momento. A los seis o siete años, un verano que no consigo encajar del todo en el tiempo pero que recuerdo con exactitud, comprendí el concepto de mortalidad. Fue en la casa de mis abuelos, veía a mi abuela y sus amigas charlando animadamente en la calle, pero no conseguía alegrarme. Notaba un peso enorme, como si una roca se hubiera desprendido de un risco y hubiera ido a parar a mi pecho, justo en el centro. Entendí que mi abuelo moriría, que mi abuela moriría y que si ellos morían, algún día también lo haría mi madre. Y que si aquello era verdad, si morían todas las personas a las que quería, me quedaría sola, terriblemente sola y extraviada. Aquel verano no conseguí salir muchas tardes al poyete, me quedaba dentro, en una mecedora de la entrada, balanceándome llorosa como si el mundo, mi mundo, estuviera a punto de acabarse. Ahora que lo veo en la distancia y me encuentro ridículamente precoz y tierna, puedo decir que hubiera querido tener cerca a una amiga como Emily que me escribiera una carta como la que le envió a su amiga Abiah, invitándome a volar y a luchar juntas por quitarnos de encima el tiempo a regañadientes, «por observar las alas del momento fugaz hasta que se vean borrosas a lo lejos y el nuevo momento entrante reclame nuestra atención».

6

Las muchachas que esperan nunca se casan

Una paciencia salvaje me ha traído hasta aquí.

ADRIENNE RICH

Hace algunos años, en el patio del instituto, meses antes de mi breve noviazgo y ruptura con H. —el primer novio que tuve y que me duró exactamente tres meses—, mis amigas y yo hablábamos de la posibilidad de casarnos: ¿qué compañero de la clase sería el afortunado? ¿Nos quedaríamos a vivir en el pueblo o nos compraríamos una casa en la ciudad? ¿Seguiríamos a nuestro futuro marido si resultaba que alguna de nosotras conocía a algún muchacho fuera de Alcalá? Todo eran incógnitas. En aquel tiempo, con trece años y rodeadas de vecinos que todavía calificaban a las parejas de jóvenes que vivían juntos sin casarse de «pecadoras», nosotras, chicas obedientes, buenas estudiantes, dignas hijas de nuestras madres, no concebíamos la idea de «arrejuntarnos» —arrejuntarse: vivir juntos pero sin casarse saltándose todas las reglas no escritas sobre lo que implicaba tener una relación decente y decepcionando a nuestras abuelas— con nuestros futuros novios que todavía no habían aparecido pero que, sin duda, algún día vendrían y nos sacarían de la casa de nuestros padres. Era el año 1999 y la modernidad amorosa no había llegado todavía a nuestras vidas. Importaba poco lo que nosotras quisiéramos hacer, porque sabíamos que en algún momento la vida nos empujaría a echarnos un novio formal en el pueblo, tener una relación de varios años, construirnos ladrillo a ladrillo una bonita casa, pagada por los padres de ellos y por los nuestros, y terminar casándonos de blanco en la capilla de San Gregorio, o en la iglesia de Nuestra Señora de la Asunción si había suerte y ese año la puerta de atrás, la «puerta de las novias», estaba disponible para nosotras.

Aquel verano, mis abuelos me llevaron de viaje a Madrid, era la primera vez que salía de Sevilla, y ver una ciudad inmensamente grande y con gente tan distinta me hizo pensar que mi vida no tenía por qué acabar en matrimonio. Al volver había tomado dos decisiones: de mayor viviría en Madrid y nunca me casaría. En mi cabeza, la idea del matrimonio estaba ligada a vivir en el pueblo y pensaba que si conseguía salir de allí, también evitaría la dichosa boda. Era curioso que esas conversaciones sobre casamientos, vestidos blancos, casas con jardines y geranios cultivados en los balcones se mantuvieran en la escasa media hora que duraba el recreo del instituto, aquel lugar que nos preparaba, precisamente, para escapar de una vida como la de nuestras madres. Pero poco a poco, charla tras charla, descubrí que todas las contradicciones, que el conflicto interior ante el dilema de casarse o no casarse, vivir en el pueblo o no, tener o no tener hijos, solo tenía lugar en mi cabeza. Cuando las demás no sabían todavía bien qué hacer con sus vidas pero sí el tipo de escote que querían que tuviera su vestido de novia, yo me aferraba a la idea de ser periodista y recorrer el mundo. Era difícil imaginarse otra vida, pues a nuestro alcance teníamos pocos modelos de mujer: nuestras sacrificadas madres, más listas y talentosas que nuestros padres, que lo habían dejado todo, porque, casadas de penalti o no, se habían dedicado a cuidar de nosotras y de nuestros padres, y nuestras tías solteras, que habían quedado para «vestir santos» —en Alcalá el dicho era literal porque algunas de esas mujeres sin hombre se dedicaban a vestir a las vírgenes del pueblo para las celebraciones religiosas— porque no habían encontrado marido. Después de mi viaje a Madrid, recuerdo bien que, en uno de aquellos recreos, les hice una pregunta: «¿Y si no nos casamos y vivimos solas en nuestros pisos, eh? Ser mujeres independientes y vivir como nos dé la gana ya es una ocupación a jornada completa. El comentario fue recibido con mohínes de desaprobación y creo que en aquel momento exacto empecé a separarme de mis amigas de toda la vida. Han pasado diecisiete años desde entonces —¡dios!—, sigo soltera todavía, mantengo conversaciones parecidas con mis actuales amigas treintañeras sobre si deberíamos casarnos o no, si la persona con la que salimos será la «definitiva», como si el virus del amor romántico se hubiera instalado en nuestro cuerpo para no salir nunca más, casi todas mis amigas del pueblo están felizmente casadas con chicos también del pueblo y viven en bonitas casas de fachadas blancas y macetas en los balcones, algunas incluso tienen hijos. Imagino que «felizmente» porque poco sé ya de esas amigas íntimas que en la adolescencia eran una parte importante de mi vida y ahora son desconocidas. Cuando me cruzo con ellas, chicas que fueron como hermanas, y las veo arrastrar los carritos con sus bebés, cambio de acera. Me incomoda verlas así, en el papel de madres a los veintitantos años. Y siempre me pregunto si sus vidas serán como esperaban. Pero una parte de mí siente envidia. Ellas han resuelto sus vidas, lo tienen todo, y yo sigo perdida, sin saber si seré madre algún día, sin saber si terminaré siendo escritora. Al verlas me acuerdo de todas las promesas que me hice a mí misma y olvidé cumplir. ¿Qué me daba tanto miedo?

Con trece años ya había leído un par de veces una de mis novelas favoritas, *Orgullo y prejuicio*, de Jane Austen, y tenía como marido modelo al señor Darcy. Yo sabía que Darcy era capaz de aguantar las impertinencias de Lizzy, su ironía, sus desplantes, los bajos de su vestido manchados de barro y esos pelos que siempre se le escapaban del moño. Qué importaba que Darcy fuera rico, aquello era lo último en lo que pensaba, era un hombre que no se parecía en nada a mis compañeros de curso. Antes de que H. y Darcy aparecieran en mi vida y yo pudiera compararlos, me colgué tontamente de un Samuel, un Antonio, un Carlos, un Fernando, un Joaquín y alguno más cuyo nombre no recuerdo. Rechazada como fui tantas veces por mis muslos y mi impertinencia, H. fue el primero que, aconsejado por una de mis amigas, me pidió salir. Antes pasaba así: un chico te gustaba, tú se lo contabas a tu mejor amiga y ella a otra amiga suya que conocía al chico; él acababa enterándose y sorprendido, pues la posibilidad de salir contigo ni siquiera se le había pasado por la cabeza. La cosa tenía dos finales: o te rompía el corazón, o te pedía salir con toda la torpeza de la que era capaz y la relación duraba lo que duraba, tres meses o tres días. La opción de que fueras tú quien se acercara a él para declararle tu amor era inconcebible. A mí me gustaba escribirles cartas romanticonas poseídas por el espíritu de Benedetti —y eso que todavía no lo había leído—, que acababan rotas en mil pedacitos en la papelera de mi habitación. La ruptura con H. se produjo una noche de sábado en un callejón que daba al Calva-

JANE AUSTEN

Steventon (Gran Bretaña), 1775-Winchester, *id.*, 1817.

Escribió las novelas *Orgullo y prejuicio*, *Sentido y sensibilidad*, *Persuasión*, *Emma*, *Mansfield Park* y *La abadía de Northanger*.

Hasta los siete años, Jane se crió rodeada de los chicos que acudían a la escuela que dirigían sus padres. Allí se hizo fuerte y aprendió a cultivar la ironía que, posteriormente, se reflejaría en sus novelas.

«Una mujer debe verse bien solo para su propia satisfacción. No por ello la admirará más un hombre, ni la querrá más otra mujer.»

rio, una de las plazas del pueblo donde nos reuníamos y organizábamos botellones cuando ninguna ley lo prohibía. Fue él quien me dejó, me confesó avergonzado que se lo pasaba mucho mejor con sus amigos que conmigo y que era demasiado joven para tener novia. Yo me volví a casa sola, llorando y pensando en todas las cosas que había hecho mal aquellos tres meses para aburrirle tanto. Lloré aquella noche y todo el domingo, y el lunes volví a clase estoicamente, con una idea clara en la cabeza, lo mío con los novios no tenía futuro, así que debía cumplir mi plan original: estudiar mucho, mudarme a Madrid y no casarme nunca. ¿Qué ocurriría si no me casaba? Lo peor que podía suceder era que tuviera que pasarme toda la vida haciendo lo que me diera la gana, sin ver partidos de fútbol que detestaba los domingos por la tarde, sin tener que fingir que los amigos de mi novio me caían bien, y para colmo podría disponer de todo el tiempo que quisiera para escribir a todas horas. Jane Austen tampoco se había casado y había sido una prolífica autora desde su juventud. Ese debía ser mi modelo.

Pero la carne es débil y yo creía tanto en la vida de Jane Austen como en las heroínas de sus libros que siempre encontraban marido. También pensaba en Jo Mach, tan rebelde en su niñez y adolescencia, cortándose el pelo, saltando en los charcos y escribiendo sin parar, pero había acabado casándose. No entendía nada. ¿Casarse significaba algún tipo de renuncia o no? ¿Debía elegir entre ser esposa o escritora? Tenía quince años y una manera de ser un tanto precoz y atormentada que me llevaba a plantearme cuestiones que no me correspondían por edad. Dejé pasar el tiempo y en el coro conocí a otro chico un par de años mayor que yo. El coro era eso, un coro. Quizá deba comentar algo sobre las hermandades de Semana Santa. En Alcalá, hay tres: la Soledad, la Cruz y

Papá Jesús. La primera y la segunda han competido siempre por ver quién era la mejor, y la tercera, como nunca ha tenido demasiado dinero para traer bandas de música que desfilaran por las calles o para celebrar cultos, era la hermandad de los pobres. Si habías nacido y crecido en el pueblo y tu familia era del centro (de la calle Reverte, de la Real, de la Laguna o de la calle «Juliella»), era imposible que no fueras de alguna de las dos grandes. A mí me tocó la Soledad; nuestro color era el morado. No exagero cuando digo que es casi una prohibición vestir de verde o llevar algo verde, el color de la Cruz si eres de la Soledad, y viceversa. Todos los alcalareños lo saben y aquellas que alguna vez osamos vestir un color que no era el nuestro sufrimos las consecuencias. Durante la Cuaresma, las madres les ponen a las niñas lazos morados o verdes en el pelo según su hermandad, y el Miércoles de Ceniza y el Domingo de Ramos después de misa, las niñas y sus madres salen por las calles del pueblo con una «campanita» gritando: «¡Viva la Virgen de los Dolores!» o «¡Viva el Cristo de la Veracruz!». Estas son tradiciones que sufrí desde muy pequeña y como era una niña inocente y febril —salir corriendo por la calle siguiendo el «tolón, tolón» de una campana era un buen momento para despendolarse— disfrutaba con ello, pero al cumplir los doce, catorce, diecisiete años y ver que mis amigas seguían haciéndolo, se me antojaba un ritual ridículo. Aquella fue otra grieta en la relación con mis amigas: comencé a alejarme de la hermandad y al dejar de compartir misas, reuniones de cofrades y procesiones, dejé de ser una buena *soleana*. Ser una mala *soleana* era lo peor que te podía pasar. Ahora me río recordándolo, pero hablar en estos términos de las tradiciones que todavía hoy siguen observando la mayoría de los niños, jóvenes y adultos de Alcalá tiene algo de revolucionario.

98

Antes de que me diera cuenta de que la hermandad era como una secta, asistía a todas las misas y formaba parte de un coro religioso en el que cantábamos en latín y que me dio algunos momentos de felicidad. Cantar siempre me había gustado y aquel era un buen lugar para hacerlo. Cantando fue como conocí a mi segundo novio, que me duró un verano. Los ensayos del coro eran siempre entre semana y por la noche; algunas veces íbamos a tomar algo después o nos quedábamos charlando en la puerta de la capilla hasta las doce. Había una excusa para llegar a las doce o a la una a casa entre semana, pues los ensayos del coro eran algo sagrado y mi madre no tenía por qué saber si acababan una hora antes o una hora después. Al principio, no pensé que yo pudiera gustarle a G. porque creía que era gay. Hasta entonces no había conocido a un chico tan amable, cercano y conversador; pensaba que los hombres tenían que ser distantes y reservados. G. tonteaba conmigo y yo empezaba a comprobar lo bien que se me daba tontear con él. Sin darme cuenta, empezó a gustarme y una noche de verano me oí diciéndole, cito textualmente: «Como no me beses ya, se me va a pasar el arroz». Él me besó con pasión, como en las películas, y yo caí en la trampa sin remedio. Con el tiempo, me he vuelto menos romántica, más escéptica, pero en mi adolescencia era muy convencional en lo que a relaciones se refiere. Mis planes de no casarme nunca quedaron relegados ante aquel gran amor de verano que tanto prometía. Cuando el romance con G. se hizo público, pues poco tardaban en saberse esas cosas ya que los besos se daban en mitad de las noches de verano bajo las ventanas de las vecinas, algunas tías mías se alegraron porque «el muchacho es muy *soleano*». Al final todo se reducía a lo mismo. El mejor novio no era aquel que te respetara más o te cuidara mejor, sino el más *soleano* del pueblo. Entonces entendí por qué H. no les gustó nunca tanto, resulta que era *crucero*. Parece una tontería, pero las discusiones más graves que tuve con mi abuela y mi tía Carmen fueron causadas por las grietas que yo comenzaba a ver en aquella devoción ciega a la hermandad.

Con G. todo fue tan rápido que enseguida pasé de la ingenuidad más infantil al apetito más desbocado. Aquellas noches que pasamos en los callejones del pueblo explorando nuestros cuerpos por primera vez no podían anticipar el error. El verano de mis quince años fue eléctrico. Cada roce de G., cada caricia hacía que mi cuerpo fuera recorrido por una corriente capaz de erizarme la piel. Lo que sentía en el estómago no eran mariposas, sino deseo. Turbada como estaba con aquel descubrimiento, dejé pasar las señales que me advertían de que G. no era ni bueno, ni noble, ni una versión actualizada del señor Darcy. En el pueblo, el final del verano siempre llega con las fiestas en honor al patrón, que son la primera o segunda semana de septiembre. El septiembre de mis quince años yo era la novia de G. y, como novia, empecé a frecuentar más a su grupo de amigos que al mío. Una madrugada de feria estaba yo aburrida en el botellón cuando se me acercaron un par de amigos de G. para charlar y distraerme. Fingir que me divertía siempre se me ha dado mal, pero fueron tan simpáticos y alegres, completamente inofensivos, que comencé a relajarme y a disfrutar de su compañía. Cuando G. se dio cuenta de que estaba hablando con ellos, vino hacia mí, nos interrumpió y me pidió que fuéramos a dar una vuelta. Me llevó a un callejón, en su silencio, en la manera de agarrarme por la muñeca, percibí una violencia contenida. Cuando estábamos lo suficientemente lejos del resto de la gente para que no nos oyeran me espetó: «Eres una puta».

Y después, en una demostración apabullante de su dominio de los sinónimos me llamó también calientabraguetas y «zorra». Desde la otra punta del parque, me dijo, había visto cómo yo me afanaba por seducir a sus amigos sin ningún tipo de consideración. Me acusó de haberle dejado en ridículo, de conseguir con mi actitud que todos sus amigos supieran que su novia era una cualquiera que no le respetaba. Han pasado quince años y aún conservo un recuerdo tan vívido de aquella escena que me incomoda rememorarla. Aunque al principio no entendí cuál era mi culpa, acabé pidiéndole perdón y llorando porque no quería hacerle daño, porque yo era suya y de nadie más que él. Después del llanto, G. me metió la mano en las bragas hasta que me corrí y vimos los fuegos artificiales desde el callejón. Cada vez que me viene a la memoria el episodio me invade la sensación de asco hacia mí misma por haberme dejado tratar de ese modo. Ese domingo de septiembre, me acosté llorando y tuve la certeza de que jamás podría contarle a nadie lo que había pasado y mucho menos a mi madre. Como no conseguía dormirme, me puse a repasar todas las veces que los comentarios de G. me habían parecido extraños o fuera de lugar pero no les había dado importancia. «Ese vestido es demasiado ajustado», «No te pintes tanto los ojos», «Me gustas más con el pelo suelto, no te lo recojas».

Una tarde que estrené un vestido con un escote generoso, él se molestó tanto que tuvimos que ir a mi casa a ponerme un imperdible en la abertura para que no se me vieran tanto los pechos. «Mejor que solo los vea yo», me dijo. El lunes siguiente por la mañana lo primero que hice fue ir a la casa de mi mejor amiga a contárselo. A ella nunca le había gustado G. y me lo había dicho, pero yo pensaba que estaba celosa porque ella no tenía novio y yo sí. Oficialmente, mi relación con G. acabó tres días después. Tardó tres días porque yo quería dejarlo, pero no sabía cómo hacerlo, dejé de hablarle y no quise quedar con él. Al final me dejó él a través de un mensaje. Sentí alivio, pero también culpa. Seguía enamorada de él y lo había estropeado todo. Seguramente él tenía razón, me gustaba tontear con chicos, con todos los chicos, me gustaba jugar a seducirlos. Durante los seis meses siguientes nos vimos esporádicamente, en nuestros encuentros nos besábamos y nos tocábamos a escondidas, en su casa o en la calle, pero ya no éramos novios. Estaba tan lejos de mí misma, me sentía tan confundida y utilizada, que tampoco era capaz de romper ese vínculo dañino definitivamente. Huyendo de él, acabé en los brazos de mi tercer novio con el que estuve hasta los veintiún años. De los quince a los veintiún años, fui saltando de un chico a otro llevada por el aburrimiento, olvidando aquel deseo adolescente de no casarme nunca. ¿Acaso no me daba cuenta de que lo que necesitaba era estar sola?

Mis aspiraciones no eran las de las amigas de mi grupo. Yo quería ser independiente, ganar mi propio dinero, tener mi propia casa. Además, al contrario que muchas amigas que no sabían qué carrera estudiar, yo tenía una verdadera vocación, quería ser periodista. Entonces, ¿por qué no me escapaba? Tardaría algún tiempo más en llegar a Simone de Beauvoir, y en las novelas que leía casi todas las mujeres tenían marido. La relación con I., mi tercer novio, empezó sin darme cuenta y fue tan rápido que en menos de un año ya conocía a sus padres y él a los míos. Nunca llegó a pedirme que me casara con él, no hacía falta, era «una verdad universalmente aceptada», como en *Orgullo y prejuicio*, que si salías durante años con el mismo chico y este te llevaba a ver la casa que sus padres le estaban construyendo, la relación terminaba en boda. ¡Pero yo no quería casarme! Por mucho que me gustara I., con quien perdí la virginidad a los dieciséis años en un pajar después de varios intentos fallidos en su coche, nunca lo quise de verdad. Durante cinco años le hice creer que me casaría con él, que él sería el maridito perfecto —estudiaba ingeniería de telecomunicaciones, y los ingenieros eran buenos partidos—, y yo, su perfecta mujercita. En esos cinco años dejé de ser yo misma para ser solo la novia. Fueron años muy importantes: acabé el instituto, empecé la facultad, me saqué el carné de conducir, me fui sola de viaje por primera vez, pero él siempre estaba ahí, esperándome, esperando a que por fin me decidiera. Apenas leí, entré tan solo una vez en una librería a comprar una guía de Barcelona para preparar un viaje que nunca hicimos, y llevé una doble vida, como una agente secreto. Cuando estaba con él, le besaba, le decía que le quería y fingía que era feliz; al llegar a casa, me encerraba en mi habitación y escribía en mi diario sobre las ganas que tenía de dejarlo, de estar sola y salir de allí. La única que supo que en algún momento lo dejaría fue mi madre. Ella me conocía bien y sabía que I. no era para mí. Era tan buen chico, atento, responsable, casi ingeniero, pero no nos parecíamos en nada. Su idea de la felicidad era pasar los sábados conmigo en su coche bebiendo ron y escuchando música. Mi idea de la felicidad era cualquiera menos eso. Yo sabía que no quería casarme con él, sabía que casarse no era una obligación, pero seguía organizando mi vida preparándome para ese momento. Si su madre me regalaba toallas o una vajilla por mi cumpleaños, yo sonreía agradecida y le decía que casi tenía el ajuar completo. «Ajuar», aquella palabra que su madre y la mía, mi abuela y mis tías solían decir, me partía en dos. Llegaba a casa con las toallas, las tiraba al suelo y me tumbaba en la cama a llorar. Ya casi no tenía amigas a las que contar cómo me sentía. Tampoco sabía si podrían comprenderme, pues la mayoría de ellas tenía novio, unos novios que ahora son sus maridos, pero yo pensaba que había otras opciones. Mi madre me decía, y me sigue diciendo: «Nena, ¿no te das cuenta de que a lo mejor ellas no necesitan nada más porque son felices así?».

¿Por qué Lizzy Bennet y Jo March se habían casado? ¿Es que no tenían suficiente con sus libros, sus paseos por el campo, los matrimonios de sus hermanas? Supe más tarde que Louisa May Alcott no quería casar a Jo, pero recibió tantas cartas de lectoras pidiéndole que la casara con Laurie que ella, por un lado rabiosa, pensando que casarse no era la única finalidad de una mujer, y, por otro, consciente de que debía satisfacer la voluntad de sus lectoras, la casó con Bhaer, un profesor extranjero mucho mayor que ella. ¿No había un final alternativo para *Mujercitas*, en el que Jo se mantuviera a sí misma con sus cuentos y sus novelas, y no necesitara un marido? Cuando a los dieciocho años entré en la universidad, tenía a mi disposición centenares de estanterías llenas de historias de mujeres casadas y solteras, y empecé a leerlas para ver si a través de ellas aprendía algo útil que aplicar a mi relación con I. Virginia Woolf había hecho un «buen casamiento». Desde el principio, Leonard, su marido, «fue consciente del talento de su mujer y la alentó desde los comienzos de su carrera como escritora». Anne Sexton, en cambio, no tuvo tanta suerte. Se casó muy joven con Kayo, tuvieron dos hijas y cuando ella comenzaba a despertar a través de la escritura, él empezó a reprenderla porque, según la propia Anne, «no hacía otra cosa que pelearse con

mis padres y con los suyos por culpa mía». La discusión definitiva tuvo lugar un día en que Anne le comunicó a su marido la decisión de ir a un congreso literario. «No me acuerdo de lo que le contesté, solo sé que entré en el comedor, cogí mis poesías y rompí las hojas, cogí la máquina de escribir y la arrojé al otro extremo de la habitación. Después entramos en la salita y Kayo comenzó a pegarme, final habitual de todas nuestras peleas. Cuando terminó de pegarme ya no quedó nada. Le dije que había ganado él, que dejaría de ir al psiquiatra y de escribir poesía y que así él me querría.» Al leer sus palabras pensé: ¿consiste el matrimonio en dejar de ser tú para que tu marido no se sienta amenazado? Nunca había discutido con I. tan fuerte, pero tampoco le había manifestado mi deseo de ser escritora con la suficiente vehemencia. Me dejaba llevar, dejaba pasar los días y temía llegar a los cuarenta con dos hijos, una casa bonita y hueca, para acabar tirando el portátil por el balcón porque él se negaba a quedarse con los niños si yo quería ir a un congreso literario. La nómina de escritoras que se habían casado y habían tenido matrimonios fallidos, o maridos que no les habían dado libertad para escribir, o se habían sentido tan perdidas después de casarse que lo habían abandonado todo, era infinita: Sylvia Plath, Zenobia Camprubí, Carmen Laforet, Adrienne Rich, Doris Lessing. En cambio, Emily Dickinson, Jane Austen y Simone de Beauvoir —su historia con Sartre daría para otro libro— no se habían casado y lo habían dado todo por su trabajo.

El hecho decisivo que me hizo dejar a I. fue la beca Erasmus. No lo dejé porque quisiera volverme loca en Alemania y liarme con cualquiera, aunque si ese hubiese sido el motivo, no habría tenido por qué justificarme. Lo dejé porque la distancia física implicaba dejar de vernos. Me sentía tan culpable, atada a él más por la relación que mantenía con su familia que por amor, que para romper con la inercia debía irme del país. Así de radical era yo. Una mañana fui a verlo a su casa —nuestras casas estaban a cinco minutos caminando— y en la misma puerta le dije que ya no podía más, que lo dejaba. Él no acabó de creérselo y me buscó durante días, pero yo hice cuanto pude para no verlo hasta que por fin dejó de llamarme, de pasar por mi casa, de buscarme en la facultad. Aquel verano —lo dejé en mayo—, quién sabe si por la necesidad de seguir sintiéndome amada o deseada, me acosté con más hombres que en todos los años anteriores. Relaciones esporádicas y sin compromiso emocional, de las que disfruté y que me liberaron de la pesada carga de pensar que solo servía para ser la «novia». En septiembre cogí un avión hasta Braunschweig y nunca más volví a hablar con I.

Si quería tener una vida propia, si quería aprender a equivocarme y también a hacer las cosas bien, debía estar sola. Llegué a mi temible apartamento alemán sin aquel malestar en el pecho, más ligera que nunca, sabiendo que podía retomar el sueño de mis trece años. Empezaba entonces una búsqueda que continúa todavía, y no he dejado de repetirme que «una paciencia salvaje me ha traído hasta aquí».

7

En defensa del error.
Aprendiendo a ser feminista

> Las conversaciones que mantuve con ellas crea-
> ron las páginas que conformaban mi vida.
>
> KATE BOLICK

Llegué a la universidad a punto de cumplir los diecinueve años y sin mucha idea de lo que era el feminismo. Hasta entonces no había conocido a ninguna feminista —quiero decir, a ninguna feminista declarada—, no sabía bien qué significaba esa palabra y en el pueblo nadie me había llamado así nunca. Pero un día en clase de historia del periodismo universal, cuando la profesora nos entregó una lista de lecturas recomendadas, vi que no había ni una mujer en la lista, ni una sola autora, y yo, con una voz que entonces me pareció segura y entregada, a pesar de que probablemente debió de oírse más bien como un balbuceo, pregunté dónde estaban ellas, LAS PERIODISTAS. ¿Es que acaso no había ninguna importante, ninguna corresponsal que pudiéramos leer? Aunque por entonces no conocía las vidas de Nellie Bly ni de Martha Gellhorn, quería creer que como futura periodista tendría modelos femeninos de los que aprender. La profesora se limitó a contestar que las había, que eran pocas, y que no entraban en el programa de ese curso anual. Al salir del aula, se me acercó con sigilo una chica por detrás. No supe que estaba ahí, justo a mi espalda, hasta que me sorprendió su voz, me llegó en un susurro tan cercano a mi oído que me sobresaltó. «Eres de las mías, ¿verdad? Feminista.» Iba vestida de negro y llevaba el pelo cortado a lo Jo March —¡qué atrevido me pareció su corte!, ¿sería una señal?, yo todavía no tenía la suficiente confianza para cortármelo, pero llegaría el momento—. No supe reaccionar con un saludo ni presentándome. Que me llamara «feminista» hizo que sintiera la necesidad irrefrenable de saber exactamente qué significaba aquella palabra y qué implicaba, así que la dejé con la palabra en la boca, bajé las escaleras corriendo y me fui directa a la puerta de la biblioteca. Si esa chica tenía razón y yo era feminista, ¿no debía saber bien qué implicaba serlo? Como estudiante aplicada que era, debía emplearme a fondo en las estanterías de la biblioteca para tener algo que decirle a cualquiera que se me acercara con aquella palabra en la boca.

A esas alturas, ya había entablado amistad con una de las bibliotecarias y lo primero que hice fue acercarme decidida al mostrador y preguntarle dónde estaba la sección «feminista». Tecleó en su ordenador, apuntó algo en una pequeñísima hoja de papel y me la entregó como si fuera un mapa. ¡Cuánto misterio! Yo no sabía bien si aquellos números y letras se correspondían con una signatura o eran la clave de una caja fuerte que guardaba un tesoro. La vida escondía pocos misterios y por eso me empeñaba en vivir dentro de una novela policíaca de Agatha Christie. «El segundo sexo —me dijo— lo tienes en la General. ¡Suerte!» Y esa misma tarde decidí saltarme las clases que me quedaban para ir a buscar el dichoso «segundo sexo», fuera lo que fuese. Una hora después me encontraba a las puertas de un edificio enorme que fue la antigua Real Fábrica de Tabacos de Sevilla. Era tan inabarcable que tuve que preguntar a cuatro personas diferentes hasta dar con la biblioteca correcta, pues el mismo edificio alberga las bibliotecas de todas las filologías, más de diez. Llegué al mostrador de la General cuando faltaban tan solo cinco minutos para que cerraran y le entregué el código al bibliotecario. Lo que él me puso en las manos, aquel libro mastodóntico y pesado de más de mil páginas, me acompañó durante los meses siguientes.

La primera y única edición de *El segundo sexo* de Simone de Beauvoir que he leído es la de Cátedra, con su lomo amarillo y esa extraña tuerca en la portada. ¡Qué portada más fea! ¡Qué libro más poco atractivo! Por entonces no había superado todavía mi fijación por las portadas llamativas y coloridas. Una tuerca no me decía mucho, pero la palabra «sexo» y el secretismo de la bibliotecaria prometían. No sé si fue la mejor referencia que pudo darme, en 2005 ni Virginie Despentes ni Caitlin Moran habían escrito sus ensayos feministas, pero Cátedra acababa de publicar la edición completa de *El segundo sexo* y la bibliotecaria debió de pensar que yo ya estaba lo suficientemente curtida en el arte de leer libros duros y pesados —me veía sacarlos en préstamo de diez en diez— para enfrentarme a Beauvoir. Renové el préstamo de aquel libro cada quince días hasta que acabé de leerlo y, como no debía subrayarlo porque quería que cualquier muchacha que lo descubriera después siguiera su propio camino y no el que marcara mi lápiz, llevaba entre las páginas cuartillas de papel donde anotaba citas y reflexiones que el texto me inspiraba. Me sonrío al recordar lo buena estudiante y lo repelente que era. Leí aquel libro de manera precaria, casi siempre de noche y hundida en el asiento del autobús que me llevaba de Sevilla a Alcalá diariamente, casi dos horas al día entre el camino de ida y vuelta. No sé cuánto tiempo de mi vida he pasado en ese autobús, le llamaba el «autobús de la muerte». Subirse a él y recorrer los apenas ocho kilómetros que separan el pueblo de la ciudad por carreteras secundarias parando cada cinco minutos para recoger a personas desperdigadas por los caminos que van a parar a fincas y fábricas perdidas es toda una experiencia. Nada ha cambiado desde hace más de quince años: el mismo autobús, la misma carretera, los mismos rostros abatidos de esos viajeros que, como yo, gastaban medio día entre la espera y el trayecto de ida y vuelta en ese autobús. Casi siempre eran mujeres. Mujeres jóvenes que iban a la universidad, mujeres de mediana edad que limpiaban casas en la ciudad, ancianas que tenían cita médica en el Policlínico o en San Jerónimo. Aun así, aquellos cincuenta minutos volaban mientras yo me escondía entre las tapas de *El segundo sexo*. Ante las miradas de todas aquellas señoras de provincia que se sorprendían, primero, por ver a alguien con un libro y, después, por leer «sexo» en la portada; acabé forrando la cubierta. El papel pintado con rosas diminutas que escogí era mucho más inofensivo que la enorme tuerca plateada.

Lo primero que supe de Simone de Beauvoir fue que nació un 9 de enero, así que era Capricornio como yo —por entonces, le daba mucha importancia a los signos del zodíaco—, y seguro que tuvo que ser una mujer ambiciosa, tozuda y trabajadora, así éramos las Capricornio. Además, murió prácticamente a la vez que mi bisabuela Asunción, en la primavera de 1986, poco después de que yo naciera. ¡Cuántas coincidencias! Aquello era, sin duda, un buen comienzo. Pero poco a poco vi que no nos parecíamos tan-

SIMONE DE BEAUVOIR

París, 1908-1986.

Escribió novelas, ensayos y memorias, como *Los mandarines, La mujer rota, Memorias de una joven formal* y *El segundo sexo*.

Sin quererlo, su análisis de la condición femenina en *El segundo sexo* la convirtió en una de las precursoras del movimiento feminista.

«El cuerpo no es una cosa, es una situación. Es nuestra comprensión del mundo y el esbozo de nuestro proyecto.»

to. A los quince años, según cuenta en *La fuerza de las cosas*, uno de los volúmenes de sus memorias, deseaba que algún día la gente leyera su biografía con «conmovida curiosidad». Desde muy joven quiso ser una autora conocida, alguien importante, y decidió que ella misma escribiría su biografía. Simone también tenía mucha prisa por vivir, se veía perseguida por el tiempo y en uno de sus *Cuadernos* llegó a escribir que sentía «angustia de saber que el minuto vivido iba a desaparecer para siempre». Esas palabras me recordaron a los primeros versos de mi adolescencia, en los que cristalizaba toda la intensidad de mis emociones. En *La fuerza de las cosas*, Simone relata el origen de ese libro que yo estaba empezando a descubrir. Cuenta que sintió la necesidad de escribir sobre ella misma y había una pregunta que le daba vueltas en la cabeza: «¿Qué ha supuesto para mí el hecho de ser mujer?». Simone tenía cuarenta años y hasta entonces la pregunta no le había ocasionado problemas: «Nunca me he sentido inferior por ser mujer; la feminidad no ha sido una traba para mí», escribió. Pero Jean-Paul Sartre la hizo reflexionar sobre el hecho de que no había sido educada de la misma manera que un niño. Pensar en eso a sus cuarenta años fue toda una revelación y abandonó la idea de escribir un libro confesional para dedicarse al estudio de la condición femenina. ¿Aquella pregunta que Simone se hizo implicaba ser feminista? A mis diecinueve años me costaba creer que cualquier mujer no se hubiera hecho esa misma pregunta antes, mucho antes, a los diez años, a los quince, a los veinte. Yo llevaba años observando que por ser chica era tratada de manera distinta. Recordé las veces que me habían llamado mandona, y es verdad que lo era, quería elegir a qué jugábamos en el recreo, quería ser delegada de clase, quería de alguna manera liderar, y me soltaban esa pala-

115

bra como si fuera un insulto. «¡Mandona!» Y a veces venían otras madres a mi casa a decirle a la mía que yo era «muy mandona para ser niña». ¿Qué significaba eso? Estaba claro que desde niña aprendes que el poder está mal visto en las chicas, que debes ser todo lo encantadora, simpática, cariñosa y silenciosa que puedas. Nunca debes pronunciar palabrotas ni decir lo que piensas ni lo que quieres en voz alta. Entonces, ¿qué supone ser niña? Desde pequeña no estuve de acuerdo con esa idea de lo que implicaba ser niña y más o menos intentaba hacer las cosas siguiendo mi intuición, porque cuando eres niña es dificilísimo encontrar a personas mayores que entiendan que quieres ser algo más en la vida aparte de una muñequita que se viste de terciopelo y seda salvaje —malditos los vestidos que mi madre me ponía y que yo, obedientemente, llevaba sin decir ni una sola palabra.

Puede que no supiera qué significaba la palabra «feminismo», pero sí sabía que todas las mujeres que veía en el autobús utilizaban ese medio de transporte porque, si había un coche en la familia, era el hombre el que lo usaba para ir a trabajar; o porque no sabían conducir ya que cuando tenían veinte años sus padres o maridos pensaron que una mujer no necesitaba el carnet de conducir para nada. También supe muy pronto que mi madre había querido estudiar pero que el hecho de quedarse embarazada de mí a los diecinueve años provocó que su vida, quiero decir, lo que ella quería que fuese su vida, no contara para nada. Simone de Beauvoir se enteró de que las mujeres pasaban por muchas dificultades y obstáculos para encontrar su camino porque dos años antes de empezar a escribir *El segundo sexo*, escuchó los testimonios de algunas mujeres de más de cuarenta años que confesaban haber vivido sus vidas como «seres relativos».

Al vivir en un pueblo y formar parte cada tarde de una tertulia de mujeres de más de cuarenta años, era consciente de que ninguna de ellas vivía exactamente la vida que quería. Pocas eran las que en mi infancia estaban casadas, la mayoría de ellas eran solteras; de hecho, en mi familia había unas cuantas: mi tía Mari, la hermana de mi madre; y un montón de tías abuelas: Carmen, la hermana de mi abuela Eugenia; Manolita, Dolorcita y Felicita de la Cueva, hermanas de mi abuelo. Todas ellas vivían más o menos juntas, formaban una especie de gineceo. Parecía una versión de *La casa de Bernarda Alba* aunque sin tanto drama. Alguna vez le pregunté a mi madre —nunca me atreví a interrogarlas a ellas porque sabía que era un tema tabú— por qué no tenían marido. La respuesta me dio mucho miedo. Todas ellas se habían quedado en casa para cuidar de sus padres enfermos. En el pueblo, y no solo en mi familia, hay un tradición que se asemeja a una condena: es algo común si eres hija y tus padres enferman antes de que encuentres marido, tu obligación es cuidarlos hasta que mueran. Ese descubrimiento me atormentó durante mucho tiempo y ahora sé que ese temor a verme llevada de alguna manera a aquel destino tan poco prometedor fue lo que impulsó mis ganas locas de salir de allí. No es que quisiera dejar a mi madre y a mi padre a su suerte, pero ¿la responsabilidad de cuidarlos en caso de que cayeran enfermos era solo mía? ¿No la compartía ni un poquito con mi hermano? No sabía de ningún hijo soltero que se hubiera quedado a cuidar de sus padres, pero sí sabía de casos en los que el peso del cuidado de otros miembros de la familia era abrumador para la mujer, como el caso de una pariente lejana que al poco de casarse tuvo que acoger en casa a sus padres porque estaban muy mayores y al enviudar repentinamente, y siendo todavía muy joven, tuvo que hacerse cargo también de su hermano soltero. ¿Qué clase de broma era aquella?

Mi soltera preferida era mi tía Carmen, la hermana de mi abuela, la que me contaba las historias sobre mi bisabuelo Pepe, el último alcalde republicano del pueblo. Muchos veranos me quedaba con ella a dormir y me hacía helado casero y hablábamos de libros. De todas las mujeres de su edad que conocía, solo ella tenía carnet de conducir y de la biblioteca. Por su carácter fuerte, un tanto misántropo, a veces era difícil entenderla; hacía lo que le venía en gana, como ignorar los comentarios de la familia y disfrutar de la soledad durante la Nochebuena, por ejemplo, y lo de saltarse tradiciones en Alcalá no era una nimiedad. Llegó a montar su propio negocio, una mercería en su casa que fue mi pasatiempo favorito durante la infancia. Algunas veces la acompañaba a los polígonos industriales adonde acudía para abastecerse de productos en los almacenes de venta al por mayor. Conducía, tenía trabajo y ganaba su propio dinero sin tener que dar explicaciones a ningún hombre. En invierno reunía a sus amigas en torno a la mesa camilla —nombre que se le da al brasero— y en verano las invitaba a sentarse a la puerta de su casa y charlaban hasta la madrugada y solo paraban para dar buena cuenta del helado casero. Era la única que trabajaba, la única que no vivía de las rentas familiares. Me gustaba verla leer a mediodía aquellas biografías de los Borbones y de la antigua realeza rusa, libros que eran tan gordos o más si cabe que *El segundo sexo*, y también me ilusionaba verla anotar los acontecimientos más importantes de la familia en pequeños cuadernos de inventario. Muchas veces me confesó que le hubiera gustado estudiar, pero que cuando llegó la guerra la echaron del colegio por ser la hija de un rojo y nunca más pudo volver.

Vivir entre aquellas mujeres me permitió darme cuenta a una edad temprana de que no éramos iguales a los hombres. Siempre me comparaba con mi madre. Éramos tan jóvenes las dos, tan primerizas en todo. Quería ser como ella, quería tenerla siempre cerca, contárselo todo, ser su amiga, la amiga que nunca había tenido porque cuando nací yo se quedó sola. Hace algunos meses, leyendo *Solterona* de Kate Bolick, pude comprobar que lo de «retrotraerse constantemente» a la vida de la madre era algo que a ella también le pasaba. Al morir la madre de Bolick después de sufrir un cáncer, ella recuerda una de sus últimas conversaciones telefónicas durante la cual se dio cuenta de que, aunque hablaban con frecuencia y franqueza, su madre no le había revelado todos los secretos que guardaba, quizá porque esperaba a que Kate se hiciera mayor y la entendiera por completo. Cuando esa conversación definitiva se produjese, pensaba la autora, su madre y ella hablarían de mujer a mujer sobre sus vidas, separadas por la necesidad de ser cada una independiente y distinta, pero con la voluntad de «entrelazarse en una larga cuerda». Mi madre aún es joven, apenas tiene cincuenta años, pero yo siento que debo vivir también por ella, por sus deseos de ser algo más que esposa y madre. Podría haber estudiado en la universidad, tan solo le faltaba la prueba de acceso; sin embargo, pasó su veintena cuidando de mí y de mi hermano. Cuando crecimos y pude hacerme cargo de él, mi madre comenzó a trabajar, sobre todo porque hacía falta el dinero, pero también por la convicción de que podía. Limpió casas ajenas y trabajó en una cooperativa de naranjas, además de ocuparse de todas las tareas de su propio hogar y del cuidado de sus hijos. En aquel tiempo yo era demasiado pequeña para darme cuenta de su sacrificio y de lo sola que estaba, ni siquiera tenía una amiga con quien quejarse. A medida que fui creciendo, me convertí en esa amiga que a ella le faltaba y así seguimos todavía. Ahora que mi abuela y mi tía ya no están, somos nosotras las que muchas tardes nos vamos a «andar», así llamamos a ese rato de conversación tan beneficioso durante el que nos permitimos hablar de todo y repasamos lo que nos ha pasado durante el día. Una parte de mí, de esa niña responsable y maternal que soy, siente que debe quedarse a vivir siempre en el pueblo para que mi madre nunca más esté sola. Aunque ahora está Celia. Cuando mi madre tenía cuarenta años, cuando estaba justo en esa edad de la vida en la que se sentía más libre y más segura para empezar de nuevo, volvió a quedarse embarazada. Mi hermana, mi madre y yo somos las mejores amigas. Algunas noches nos vamos a la plaza del pueblo y, mientras nos tomamos algo, Celia nos pregunta cosas. Apenas tiene diez años pero ya quiere saberlo todo. Y me recuerda tanto a mí que es extrañísimo verse ahí en medio, a veinte años de mi madre y veinte años de mi hermana. Entre las tres formamos una pequeña hermandad de mujeres dispuestas a hablarlo todo, a escudriñarlo todo —los novios, las amigas, las aspiraciones y las dudas—. Con ellas he aprendido que volver a casa después de haber vivido emocionantes aventuras en el extranjero no es un fracaso, sino más bien una extraña suerte.

En mi viaje a través de *El segundo sexo*, conocí a algunas mujeres ejemplares como Olympe de Gouges, que fue guillotinada en 1793 por escribir la Declaración de Derechos de la Mujer y de la Ciudadana, uno de los primeros documentos históricos que propone la emancipación femenina y reclama la igualdad de derechos entre sexos; Mary Wollstonecraft, que escribió *Vindicación de los derechos de la mujer* en 1792 y defendió la educación de las muje-

res como la mejor manera de conseguir la igualdad, y Emmeline Pankhurst, una de las sufragistas británicas más importantes del siglo XX, que fundó la Liga para el sufragio Femenino. Todos esos nombres me ayudaron a seguir tirando del hilo y enterarme bien de quiénes eran las feministas. Aunque hubo fragmentos que tuve que releer una y otra vez porque no alcanzaba a entender su significado.

La mujer independiente, afirmaba Beauvoir, estaba dividida entre sus intereses profesionales y las inquietudes de ser mujer, le cuesta encontrar un equilibrio entre lo que ella quiere ser y lo que se espera que sea y cuando lo consigue, es a cambio de «concesiones, sacrificios, acrobacias que exigen de ella una tensión perpetua». Eso lo veía a diario en mi propia casa, así que lo entendía perfectamente. Si ser feminista consistía en querer que las mujeres de mi familia, incluida yo, pero también aquellas mujeres del autobús pudiéramos elegir nuestra vida, me sentía la más feminista de todas. Años después aprendí que el hecho de ser mujer a veces implica muchas contradicciones como las que comenta Roxane Gay en su ensayo *Bad Feminist*. Gay dice que su definición favorita de feminista es la que dio Su, una mujer australiana anónima. Para ella las feministas son «solamente mujeres que no quieren ser tratadas como mierda». Muchas veces, confiesa la autora, no se siente del todo feminista, porque no entiende cómo las defensoras más intransigentes del movimiento pueden llegar a rechazarte por no encajar en los modelos de comportamiento de lo que ellas consideran que es una buena feminista. Ese feminismo esencialista del que habla Gay sugiere rabia, falta de humor, militancia, principios incuestionables y prescribe una serie de reglas sobre cómo debe ser una mujer feminista: «Odiar la pornografía, odiar a los hombres, odiar el sexo, concentrarte en tu carrera, no depilarte». ¿Cuántas veces he sentido que estaba fallando como feminista? A ella le gusta el rosa y el rap, a mí me gustan los vestidos y pintarme los labios y las uñas de rojo. ¿Soy menos feminista porque me tiño las canas? Muchas veces me he sentido como Roxane Gay, he renegado del feminismo porque en ocasiones, cuando me llamaban feminista entendía el significado oculto tras el término, sabía que me estaban diciendo «estás enfadada, odias el sexo, odias a los hombres». Pero yo no estaba de acuerdo con esa idea sobre lo que es una feminista y me sentía mal por discrepar de un movimiento que creía fundamental. Leyendo a Gay también he aprendido que prefiero ser una mala feminista a no ser feminista en absoluto, porque aunque tenga muchas contradicciones y dudas sobre cómo ser feminista, tampoco quiero ser tratada como una mierda.

Hace algún tiempo leí una antigua entrevista a Simone de Beauvoir en la que afirmaba que enseñar a las mujeres a hablar entre ellas, a contarse, las ayuda a ser conscientes de su situación y a rechazarla. Quizá aquella libertad con la que las mujeres de mi familia se sentaban en la calle a conversar, sin censura, diciéndose todo lo que pensaban, era la manera más directa de aprender a ser feminista.

8

El cuarto propio del que hablaba. Virginia estaba en el extranjero

Ninguna advertencia, sin embargo, nos hubiera frenado, tan ansiosas estábamos por abrazar la vida y la realidad en todas sus facetas.

JOYCE JOHNSON

El relato de cómo encontré mi cuarto propio en una residencia alemana abarrotada de cucarachas empieza en mi pueblo. Muchas veces me he preguntado por qué nací en Alcalá del Río, casi siempre en voz baja, pero a veces, cuando voy caminando por la calle hacia la casa de mi madre y me cruzo con vecinas de toda la vida que no me dirigen la palabra, me lo pregunto en voz alta, muy alta. Desde pequeña supe que quería salir de Alcalá. Tenía una necesidad imperiosa de echar a volar, y escaparme no era una opción, desde luego. Si ni siquiera era capaz de quejarme a los seis años después de haber vomitado en la cama, ¿cómo iba a abandonar a mi jovencísima madre a su suerte en ese espantoso pueblo donde la gente solo se reúne para sacar vírgenes a la calle? Y cuando digo vírgenes, no me refiero a las muchachas más castas del pueblo, sino de Angustias, Dolores y Esperanza, las tres imágenes que desfilan en procesión en Semana Santa. A mí, por suerte, me pusieron Carmen por mi abuela paterna, que era de otro pueblo. No me imagino qué terribles consecuencias habría tenido en mi vida si, además de ser como soy —ya me vais conociendo—, me hubieran llamado Dolores, como mi madre. Dolores de la Cueva. ¡Qué drama! Con ese nombre no sé si me habría atrevido siquiera a salir a la puerta de casa. (Sé que cuando mi madre lea esto le vendrá a la cabeza aquella palabra divina con la que mi abuela me decía *joía por culo*.) Necesitaba salir de allí como fuera. Me imaginaba dando la vuelta al mundo, viviendo en exóticos países, sola, completamente sola, y conociendo a personas que leyeran, porque esa era otra, no tenía ni un amigo que leyese. Así que leía cada vez menos, lo justo, y me escondía para hacerlo.

Tardé varios años en llevar a cabo mi objetivo. Por el camino me eché un novio del pueblo que me duró cinco años, de los dieciséis a los veintiuno, y mi primer gran viaje se retrasó hasta entonces. A los veintiún años me dieron una beca de un año para irme a Alemania y no lo dudé. Puede que sí dudara por un segundo, pues nunca había estudiado alemán, no sabía decir más que *Danke* y se suponía que debía estudiar periodismo durante un curso entero en una lengua extraña.

Ahora que han pasado nueve años desde el momento en que le conté a mi madre por teléfono que me habían concedido la beca, reconozco que quizá salí de mi vida de entonces de un modo bastante violento. No podía rechazar la oportunidad y sentía que debía cambiar mi vida. No estaba cómoda en la facultad, había discutido con mi mejor amigo, acababa de dejar a mi novio y me daba la impresión de que no encajaba en ninguna parte, ¿cuántas

VIRGINIA WOOLF

Londres, 1882-Lewes, Sussex, 1941.

Entre sus obras más conocidas se encuentran las novelas *La señora Dalloway*, *Al faro*, *Orlando*, y el ensayo *Un cuarto propio*.

Virginia publicó su primer libro a los treinta y tres años, y desde entonces mantuvo un diario hasta días antes de arrojarse al río Ouse con los bolsillos llenos de piedras.

«Casi todo me atrae. Sin embargo se alberga en mí algún buscador infatigable. ¿Por qué no hay un descubrimiento de la vida? Algo para ponerle las manos encima y exclamar: ¿es esto?»

veces he experimentado esa sensación? Supongo que mi huida del pueblo fue liberadora para mí, pero no tanto para mi familia. Dejaba a mi madre con mi hermano de trece años y mi hermana de un año prácticamente sola, y me sentía muy responsable. Una parte de mí me decía que no pintaba nada en Alemania, que me iría mal, que fracasaría y que lo que debía hacer era quedarme en el pueblo e intentar arreglarlo todo. Pero otra parte me decía que debía seguir el espíritu de Nellie Bly, arriesgarme, entregarme a la aventura.

Nellie tenía tan solo veinticinco años cuando emprendió la vuelta al mundo que duraría exactamente setenta y dos días, seis horas, once minutos y catorce segundos. Era 1889 y una chica de veinticinco años que para escribir su primer reportaje se había hecho pasar por enferma mental, había decidido dejarlo todo para viajar y escribir. ¡Ella era mi modelo! Lo mío duraría casi trescientos sesenta y cinco días y me quedaría en un solo país, pero compartía con ella una misma preocupación: qué llevar en la maleta.

Nellie no sabía sobre qué quería escribir, se había quedado sin ideas, y lo único que se le ocurrió fue batir el récord de Phileas Fogg. Pero su editor (Joseph Pulitzer) dudó de ella, le dijo que era imposible que pudiera hacerlo, en primer lugar, porque era una mujer; en segundo lugar, porque necesitaría tanto equipaje que no podría hacer transbordos rápidos, y, en tercer lugar, porque solo hablaba un idioma: inglés. Cuenta Nellie que lo que más interesaba a quienes le preguntaban por su viaje era saber cuántas mudas de ropa llevaba en su única bolsa de mano. La maleta en la que guardó todo lo que pensó que necesitaría durante aquel emocionante viaje es una metáfora del viaje mismo. Yo, al igual que ella, quise ejercitar mi ingenio para reducir el equipaje al mínimo, pero los libros eran un problema. ¿Cómo no iba a llevarme libros a un país frío y gris donde se publicaban libros en un idioma que no alcanzaba todavía a entender? El secreto que Nellie me enseñó tiene que ver con la desesperación. Ella necesitaba tanto hacer ese viaje y salir de Nueva York para demostrarle al mundo que una mujer podía hacer cualquier cosa que se propusiese, como yo anhelaba salir de Alcalá para demostrarle a mi familia que lograría convertirme en la mujer que quería ser.

Nellie consiguió meter en su pequeña bolsa dos gorros de viaje, tres velos, un par de zapatillas, un juego completo de accesorios de tocador, un tintero, varias plumas y lápices, papel de copia, agujas e hilo, una bata, una chaqueta de tenis, una pequeña petaca y un vaso, varias mudas de ropa interior, una amplia reserva de pañuelos y cintas nuevas. Parece que no se llevó ningún libro, pero sí algo mucho más voluminoso que sería «la cruz de su existencia», un tarro de crema hidratante para combatir los climas más fríos. Más tarde, se daría cuenta, al igual que yo, que todo lo que necesitaba durante el viaje podía conseguirlo por el camino. Pero ese aprendizaje forma parte de la lección de la vida. Yo aprendí alguna más.

Mi salida tenía algo que ver también con la de Joyce Johnson, autora de *Personajes secundarios*, unas memorias noveladas sobre su relación con Jack Kerouac y con algunos de los personajes más conocidos de la generación beat. Supongo que esas mujeres que quieren dejarlo todo y empezar solas una nueva vida tienen algo en común, algo que Joyce llamó «ansiedad por abrazar la vida y la realidad en todas sus facetas». Joyce pertenecía a una generación de mujeres que, por primera vez, querían dejar su acomodada existencia y elegían vivir en condiciones mucho más precarias.

Yo debo de pertenecer también a esa misma generación. ¿Qué me llevaba a abandonar la comodidad familiar, la vida conocida y a marcharme al extranjero con una beca de trescientos euros al mes? Supongo que yo también estaba ansiosa por abrazar la vida y la realidad en todas sus facetas, incluidas las más oscuras.

Lo que le tocaba a una chica como Joyce era quedarse en casa de sus padres hasta que se casara, trabajar de secretaria un año o dos para adquirir un poco de mundo, el justo, y caer en los brazos de un buen pretendiente. Algo parecido me sucedía a mí. Alcalá nunca ha sido moderna. Yo era la muchacha que se había atrevido a irse del pueblo, a dejar plantado al novio de toda la vida que estaba construyendo una casa para mí, para compartir una vida conmigo que a mí me causaba pesadillas. Parece que en la época de Nellie y en la de Joyce ni la experiencia ni la aventura eran cosa de jovencitas veinteañeras. ¿Qué tenían que hacer las mujeres que querían escribir, ser novelistas, poetas, periodistas? Joyce lo sabía bien: «Esas decorativas jovencitas desempeñaban los papeles de musa y admiradora».

A mis veinte años, nadie me había enseñado qué debía hacer para convertirme en escritora, pero mi intuición me decía que el pueblo no podía depararme nada extraordinario. Yo tampoco tenía un modelo vivo al que seguir. Tenía justo la misma edad con la que mi madre se quedó embarazada de mí, y yo no quería ser como ella. Me he pasado toda la juventud deseando no quedarme embarazada para cumplir el plan que mi madre no pudo llevar a cabo: estudiar, viajar, vivir antes de dar vida. Entonces Virginia Woolf se cruzó en mi camino.

Al llegar a Braunschweig, una ciudad alemana de nombre impronunciable, no tuve en cuenta la soledad, pero estaba feliz: tenía un cuarto propio. Es verdad que la beca solo alcanzaba para pagarme el miniestudio y para emborracharme una vez a la semana con una botella de vino blanco de un euro, pero hice mi propia interpretación de la habitación propia de la que hablaba Virginia. Durante el curso aprendí poco alemán y me mantuve alejada de los hombres. Aquel año tenía que empezar a construirme una vida propia lejos de mi madre, lejos de mi ex novio. Todo está un poco borroso ahora, pero creo recordar que seguí el ejemplo de Emily Brontë, según Virginia, y recorrí los páramos y los caminos con desolación devanándome los sesos y trastornada por una soledad abrumadora. Fueron muchas las noches en que lloré y eché de menos a mi madre, pero nunca a mi ex novio. En aquel pequeño estudio en el décimo piso de un aterrador edificio de arquitectura comunista conocido como «la residencia de los suicidas» porque desde sus amplios ventanales sin rejas se lanzaban estudiantes frustrados de todas las nacionalidades, y memorable por el parecido de sus pasillos —oscuros, enmoquetados y llenos de puertas— a los de *El resplandor*, me di cuenta de que era la primera vez en mi vida que estaba completamente sola, podía escucharme a mí misma y oír los copos de nieve que caían al otro lado de la ventana. Imagino que Nellie y Joyce se preguntaron alguna vez, como me lo pregunté yo, aquello que Mary Oliver escribió en su poema «Un día de verano»: «¿qué piensas hacer / con tu preciosa, salvaje y única vida?».

9

Las chicas King Kong

La herida de una guerra que se libra en silencio y
en la oscuridad.

VIRGINIE DESPENTES

Me marché de Braunschweig sin saber que volvería a tener un cuarto propio en el extranjero tan solo dos años después. Bueno, cuando digo cuarto propio, quiero decir sótano propio. Empecemos por el principio. Llegué a Praga a mediados de septiembre de 2009 con una beca para hacer prácticas en la embajada española. Conservaba las mismas enormes ganas de vivir en cualquier otro lugar que no fuera Alcalá del Río, por lo que pedía todas las becas y ayudas que había en el mundo para acceder a prácticas en instituciones o estudios de posgrado en prestigiosas facultades —de estos nunca recibí respuesta—, incluso me presenté para participar en voluntariados en la India y envié mi candidatura para ofertas de trabajo como *au pair* en Londres. Me valían todas las opciones excepto la de quedarme en el pueblo. Un horrible día de julio, uno de esos días pegajosos en los que el tiempo parece derretirse, recibí un correo electrónico que decía que había sido seleccionada para trabajar en la Agregaduría de Educación de España en la República Checa. ¡Vaya! Eso debía de ser algo importante, ¿no? Pero ¿qué sabía yo de aquel país? ¿Qué era una «agregaduría»? Sonaba fatal. A los veintitrés años era tan impulsiva como para basar mi decisión de irme a vivir a Praga en las fotos que encontré en Google. La ciudad parecía tan bonita…, ¡de cuento! Aún no sabía si de terror o de fantasía, pero ese leve cosquilleo que notaba en mi estómago era un buen augurio.

Después de escribir diciendo que sí, que aceptaba cubrir esa vacante en la Agregaduría, lo primero que hice fue buscar un piso por internet. Encontrar habitación desde Sevilla y sin hablar ni una palabra de checo fue una tarea complicada. Mantenerse en Praga, por muy barata que fuese la ciudad, con setecientos euros al mes, también. Pero yo vivía en la edad de los absolutos. Quedarme en Alcalá significaba la muerte, y mudarme a Praga, aventuras sin fin. Así era yo entonces: o todo o nada. Conseguí alquilar una habitacioncita con sofá cama y sofá-sofá en el piso de un par de amigos de treinta y tantos años —uno checo y uno ruso— que vivían con un gato al que llamaban «gato». Durante los primeros días ninguno de los dos me hizo caso, aunque debí de caerle estupendamente al gato porque me seguía a todas partes, incluso a la bañera. Solo soporté vivir allí un mes. Por las mañanas el apartamento estaba vacío y en silencio, pero cuando se hacía de noche mis compañeros de piso volvían acompañados de muchos amigos para montar una buena fiesta. La Agregaduría resultó ser un departamento del Ministerio de Educación dedicado sobre todo a la coordinación de las secciones bilingües en los institutos de la República Checa. Nada demasiado emocionante. Por eso al principio me uní a esas fiestas nocturnas a las que llevaba siempre

mi pequeña guía de conversación español-checo/checo-español para ver si conseguía hacer amigos. Pero una noche, un miércoles cualquiera de octubre, la fiesta se les fue de las manos. Decidí quedarme en mi habitación porque debía madrugar al día siguiente —mi trabajo comenzaba a las ocho de la mañana— y estaba cansada de hacer siempre lo mismo. El volumen de la música cada vez estaba más alto, y de repente empezaron a golpear la puerta de mi habitación, la empujaban, querían abrirla—por suerte siempre la cerraba con llave—, a la vez que gritaban mi nombre desesperados, diciendo que solo querían verme: «¡Sal un momento, sal, sal, que te queremos ver!». Estuvieron así hasta las seis de la mañana. Durante todas esas horas en que no supe si aquellos tíos derribarían la puerta y me harían cualquier cosa, estuve escondida en el armario con una percha de metal en la mano, lloré de impotencia y me prometí que, si conseguía salir intacta, me mudaría al día siguiente. Solo me atreví a salir cuando todo se quedó en silencio. Toda mi comida, el almuerzo que me había preparado para ese día y el resto de lo que guardaba en el frigorífico, estaba desparramada por el suelo. Al menos no había ni rastro de mis compañeros de piso.

Volví a mi habitación, hice las maletas, lo dejé todo preparado y me fui a la embajada. Nunca le conté a nadie lo sucedido. Llevaba poco tiempo en Praga y todavía no tenía confianza con nadie. Me sentía culpable, muy culpable, quién me había mandado a mí a meterme en un piso con dos tipos desconocidos. Esas eran las cosas que le podían pasar a una chica si vivía con dos hombres. Me daba vergüenza contarlo porque creía que los demás me dirían que toda la culpa era mía. Todavía hoy, cuando recuerdo ese episodio y aun sabiendo que no hice nada censurable, siento los restos de aquella lejana vergüenza golpeándome el pecho. Cuando volví aquella tarde al piso y me encontré con uno de ellos, le dije cómo me sentía. Había pasado miedo, mucho miedo, y me iba por esa razón. Él se disculpó diciendo que estaban muy borrachos y que todo fue una broma. Sentía asco y rabia por no atreverme a decirle nada más, por no saber qué hacer ni a quién recurrir. Pasé un par de noches más en el piso y el sábado me mudé a una nueva vivienda situada en un barrio a varios kilómetros. Nunca más volví a verlos, aunque sí que tuve noticias suyas, me escribieron meses después para reclamarme que pagara mi parte proporcional de la factura de internet de las semanas que pasé allí. Ni siquiera contesté el mensaje. Pedirme doce euros siete meses después de lo que había pasado me parecía inconcebible y ridículo. Aquella fue mi pequeña y estúpida venganza.

Me mudé a un sótano en un viejo edificio de la parte alta de la ciudad. Costaba algo más de lo que podía permitirme, pero me daba tanto miedo volver a compartir piso que pensé que ya encontraría la manera de salir adelante. En aquel sótano «salvaje» —vivía sin luz natural, en una especie de cueva, prácticamente escondida— pasé uno de los años más difíciles de mi vida. Recuerdo que aquel otoño nevó por primera vez la noche que me mudé. Viniendo de Sevilla, estaba poco preparada para la nieve, y ni siquiera me esperaba que pudiera nevar en octubre, por eso, cuando el domingo amaneció todo blanco, tuve que salir a caminar por mi nuevo barrio con unas botas de entretiempo, las únicas que me parecieron más o menos adecuadas, y al final acabé en el suelo después de torcerme el tobillo. Aunque en mi vida me había tropezado muchas veces, muchas, y siempre me había importunado mi torpeza, aquella caída tuvo un significado distinto para mí, fue la señal que marcó un nuevo comienzo en Praga. Estaba sola y tenía miedo.

Quise seguir actuando con normalidad, pero algo en mí había cambiado. Me costaba conciliar el sueño porque creía que en cualquier momento un extraño podría entrar en mi sótano. Quería ser valiente, pero no me sentía nada segura. Una de esas noches en vela recordé un oscuro episodio sucedido durante mi Erasmus en Alemania. La memoria es caprichosa y tiende a esconder aquellas cosas que de una forma u otra no podemos comprender. Algo tan sencillo como una fiesta Erasmus, una de las muchas fiestas a las que asiste cada estudiante en ese año loco acabó mal. La cuestión era que había olvidado lo que pasó, no había vuelto a pensar en ello hasta esos días en los que sentí que podía ocurrirme algo malo. No sé cómo pude borrar lo que le pasó a una buena amiga de aquellos días en Alemania y poco a poco se me fue llenado el pecho de una sensación tan familiar como desagradable: la culpa. Quizá no la había ayudado lo suficiente. Teníamos veinte años y ni siquiera éramos capaces de nombrar la palabra. Mientras escribo, me resisto a utilizarla, ¿por qué? No sé cómo llegó a mis manos un libro que me salvó y me ayudó a comprender que lo que sufrió mi amiga fue una violación y que esa es una de las palabras que más miedo dan y menos se pronuncian. El libro era *Teoría King Kong*, de Virginie Despentes —que leí y releí aquellos días en Praga—, y en él su autora describe cómo fue asaltada sexualmente y reflexiona sobre la ausencia de relatos sobre violaciones en la literatura. Todos los traumas tienen su literatura, dice Despentes: la prisión, la enfermedad, el duelo, los malos tratos, las drogas, la deportación, pero no la violación. Tras ser violada a los diecisiete años, no encontró libros que pudieran ayudarla a enunciar lo que le había pasado, a compartirlo. ¿Ninguna mujer que hubiera pasado por lo mismo que ella había escrito una novela? Cuando violaron a mi amiga, yo misma intenté olvidar el tema, e hice como si nada hubiera pasado y pensé que la mejor manera de ayudar era procurar que se sintiera como siempre, como si nunca le hubiera pasado lo que le pasó. Ahora que he revivido aquella fiesta de Erasmus y me han asaltado todos los detalles de la noche, no consigo entender cómo pude olvidarlo durante diez años.

Fue una fiesta como cualquier otra. Nos reuníamos todos los Erasmus que estaban en la ciudad en un edificio de la universidad que se empleaba para celebrar eventos. Acudí acompañada de dos amigas, tres españolas en la helada Braunschweig tratando de pasarlo bien. Yo era la más abstemia. Al principio, me costó hacerme amiga de ellas precisamente porque me gustaba poco salir, porque prefería quedarme leyendo en aquella residencia terrorífica con las cucarachas. Pero poco a poco se dieron cuenta de que no era tan rara y nos hicimos inseparables. Cuando estás en un país extranjero, y no hablas ni una palabra del idioma, te sientes sola la mayor parte del tiempo, y es esa sensación de desamparo la que te impulsa a entablar amistad con personas que de otra forma ni siquiera llegarías a conocer. La fiesta prometía mucho. Estaba abarrotada y coincidimos con un buen número de españoles. Yo había decidido no beber y cuidar de las demás. Después de dejar a mi novio, con el que había estado saliendo los últimos cinco años, estaba pasando por un período de mi vida, en el que solo me apetecía estar sola, tranquila y como mucho salir a bailar pero sin desmadrarme. Nada más llegar a la fiesta nos encontramos con un grupo masculino de estudiantes españoles. Braunschweig es una ciudad de universidades tecnológicas y casi todos los Erasmus que conocimos eran chicos que cursaban ingeniería. Nosotras tres estudiábamos periodismo, aunque al final todos coincidíamos en los pasillos de *El resplandor*. Esa noche estábamos cerca de casa, la residencia pertenecía a la universidad y estaba a escasos cinco minutos caminando del edificio en el que se celebraba la fiesta. Cuando llegamos, los chicos ya estaban borrachos y aquello no me inspiró mucha confianza. Vi que uno de ellos, R., que me caía especialmente mal porque me parecía bastante machista —era el típico chico con gracia que aprovechaba cualquier oportunidad para piropearte, te agarraba por la cintura sin permiso y te quitaba la palabra constantemente porque en realidad no le interesaba lo más mínimo lo que decías—, se acercaba a mi amiga. Ella lo rechazó, tampoco le caía bien, digamos que las tres lo teníamos «calado»; sin embargo, R. no se dio por vencido. Me despisté un rato tonteando con un chico alemán y para mi sorpresa, cuando vi de nuevo a mi amiga, la encontré agarrada a él y era obvio que estaba bastante borracha. Me preocupé, quise acercarme a ella para convencerla de que se viniera conmigo, pero me contuve porque siempre soy demasiado protectora y sé que no todo el mundo recibe bien mis advertencias. Además, seguramente se lo estaba pasando bien y no quería fastidiarle la noche, así que me fui a bailar, y cuando volví al cabo de una media hora —serían las tres de la mañana— no la encontré. En la fiesta había mucha gente y supuse que estaría justo en el lado opuesto de la sala, por eso la busqué, sin éxito, e hice cola en el baño durante un rato por si estaba dentro. Una hora después seguía sin haber dado con ella y empecé a preocuparme en serio. Avisé a nuestra otra amiga de la desaparición y entre las dos la llamamos al móvil varias veces, la buscamos de nuevo por todo el local, pero no dimos con ellas. Acabamos volviendo a casa sin ella a las cinco de la mañana.

Cada una se fue a su apartamento y no volvimos a hablar hasta la mañana siguiente. Era domingo y apenas había luz. Aquellos días oscurecía a las tres de la tarde. Nada más despertarnos nos llamamos para hablar sobre lo que podía haber sucedido. Quedamos en los ascensores de la planta en la que residía nuestra amiga dispuestas a aporrear la puerta de su piso. No hizo falta, enseguida nos abrió, solo llevaba una camisa a medio abotonar, supuse que estaría desnuda todavía. Al recuperar este recuerdo borroso me ha sorprendido la nitidez de ciertos detalles, como la de las palabras que nos dijo entonces, sé que fueron exactamente estas, pronunciadas en un susurro: «No sé qué ha pasado. R. está en mi cama y yo no recuerdo nada. Nada». Me entraron ganas de entrar y echarlo a patadas, gritarle todo lo que pensaba de él desde hacía tiempo, pero ella nos dijo que lo despertaría —eran las dos de la tarde y dormía plácidamente, como si nada hubiera pasado— y le diría que se fuese. Una hora después, las tres estábamos sentadas en el suelo de su piso valorando la situación y ella lloraba. «¿Qué pasó? —nos preguntó—. ¿Qué hice? ¿Me visteis irme con él?» Al reconstruir aquella noche imaginamos que R. la acechó hasta que estuvo lo suficientemente borracha para «acompañarla» a su casa. Ella solo recordaba que había llegado a la fiesta, lo había rechazado un par de veces y después se bebió algunas copas. Lo demás había quedado borrado, solo él sabía lo que había hecho. Pensamos que quizá no se habían acostado —la palabra «violación» no salió hasta mucho después— porque percibimos una ausencia que creíamos que servía de prueba: no había ningún preservativo usado por ninguna parte; así de inocentes éramos. Pero ella se despertó desnuda, se despertó con un extraño metido en su cama.

Virginie y su amiga hicieron autoestop, se subieron a un coche con tres chicos. «Nada más cerrar las puertas, ya sabemos que hemos hecho una tontería. Pero en lugar de gritar "Nos bajamos" durante los pocos metros que hubiera sido posible, cada una se dice en su esquina que hay que dejar de ser paranoica y de ver violadores por todas partes —escribe—. «Sus risas de tíos, entre ellos, la risa de los más fuertes.» Puedo imaginarme a R. conduciéndola poco a poco hasta el piso de ella con bromas inofensivas, sujetándola por la cintura, intentando besarla en el cuello. ¿Es una violación si la chica está borracha? ¿Si lleva minifalda? ¿Si ha estado hablando o bailando contigo? SÍ. Mi amiga no se acordaba de nada: ni de haber salido de la fiesta con él, ni de haber cogido las llaves y abierto la puerta de su habitación, ni de haberse quitado la ropa. Puedo imaginarme a R. llegar triunfante a su piso aquel domingo de resaca, pensando que se había «follado a la tía más buena del Erasmus», contando la historia a sus amigos. Y ella guardaría silencio.

Como no sabíamos qué había pasado y ella no quería tener nada más que ver con él, acabamos buscando un médico. Ante la duda, había que conseguir la píldora del día después como fuera. Era domingo, estábamos en Alemania, apenas hablábamos alemán. Aquel fue uno de los momentos de mayor desesperación ajena que he vivido. No podía imaginar que algo parecido pudiera pasarme a mí. No podía apartar una idea incómoda y contradictoria que me rondaba en la cabeza: yo no habría bebido tanto, yo no me hubiera acercado a él, yo habría controlado la situación.

145

¡Qué tontería! ¿Es que acaso divertirse y charlar tiene que llevar a una violación? ¿Fue culpa de mi amiga? ¿Es culpa nuestra? Bastaba con responder a unas cuantas preguntas para saber que ninguna de nosotras está a salvo, que cualquier mujer puede ser víctima de una violación. ¿Cuántas veces me ha seguido un hombre por la calle? ¿Cuántas veces un chico que he conocido en una fiesta ha intentado besarme sin mi consentimiento? ¿Cuántas veces me han pellizcado los pechos o el culo mientras bailaba? Y vuelvo a Despentes: «Es asombroso que las mujeres no digamos nada a las niñas, que no haya ninguna transmisión de saber, ni de consignas de supervivencia, ni de consejos prácticos y simples. Nada». Somos nosotras las que necesitamos consejos porque, como dice Despentes, los hombres lo llaman de otro modo, le restan importancia, lo adornan, le dan la vuelta —«Estaba un poco borracha», «Si no gritó ni me pegó, es porque en el fondo quería»—, nunca utilizan la palabra para describir lo que han hecho.

R. —un chico normal, un chico cualquiera, un buen estudiante— estaría en su sofá viendo un partido de fútbol, tranquilo, repasando mentalmente su «noche de gloria», mientras nosotras recorríamos Braunschweig nerviosas y tristes, tan sumidas en nuestros pensamientos que no hablábamos, no nos apetecía, nos sentíamos abatidas y asqueadas. Después de entrar en varias farmacias para preguntar por un médico de guardia, nos dirigimos a la consulta de un doctor que tenía ecografías de bebés colgadas en las paredes. Resultó ser un ginecólogo que intentó convencernos con su precario inglés de que tomar aquella pastilla que mi amiga quería con tanta desesperación era como abortar. «¿Está segura de que la quiere, señorita, de que quiere hacerle eso al bebé?». Qué humillante fue contarle lo que había sucedido en un alemán muy básico, un inglés que se quedaba corto y un español que nos permitía desahogarnos con las palabras exactas aunque el médico no las comprendiera. Quizá no solo no entendía el idioma, quizá tampoco podía entender el miedo, como si la repugnancia que mi amiga sentía hacia su propio cuerpo en ese momento le fuera tan ajena como nuestras eñes y nuestros tiempos verbales. Finalmente, conseguimos que el médico nos diera la pastilla y decidimos volver a casa andando. La tarde ya estaba avanzada y caminamos lentas y mudas con las manos en los bolsillos. A mí me tocó romper la tensión con mis típicas tonterías —nunca se me ha dado bien el silencio—, haciendo algún comentario sobre el doctor Criatura, como lo apodé, que si era un espanto por su piel amarillenta y sus finos y alargados dedos, que podía imaginármelo como el hermano que el señor Burns de los Simpson nunca tuvo, otro ser avaro que ayudaba a traer recién nacidos al mundo para robarles su elixir. Las chicas se rieron, qué remedio, la broma era tonta y simplona, pero al menos sirvió para volver a sentirnos las mismas de siempre, para olvidarnos por un segundo de las últimas veinticuatro horas.

Las tres renegamos durante mucho tiempo de la idea de que una de nosotras hubiera sufrido una violación. Éramos tres supervivientes, tres chicas King Kong sin saberlo, nos hicimos inseparables desde ese día, íbamos juntas a todas partes: la facultad, el supermercado, los paseos por la ciudad. Hubo un antes y un después de aquello. Dejamos de ir a fiestas Erasmus y nos mudamos. La primera en irse de la «residencia de los suicidas» fue ella. Se buscó un piso con otra chica y, de alguna manera, se encerró. Despentes avisa: «la única actitud que se tolera es volver la violencia contra una misma». Empezó a vestirse más tapada, engordó unos kilos y nunca hablaba de lo que pasó. La otra chica y yo también nos fuimos. Ella acabó compartiendo piso con unos alemanes bohemios que hacían teatro, y yo con una alemana que estaba bastante mal de la cabeza y solo comía espinacas congeladas, pero esa es otra historia. Mi amiga quedó marcada para siempre, había fracasado. R. seguiría su vida como si nada, quizá volvería a acompañar a alguna otra chica demasiado bebida a su habitación —¿había alguna manera de avisarla?—, pero mi amiga sentía que había cometido un error, empezó a pensar que no podía confiar en ningún hombre. Tardó un tiempo en salir con chicos y nunca más volvió sola a casa después de salir por la noche. Vivíamos bastante cerca y yo siempre la dejaba en su portal antes de seguir hacia mi piso. En mi camino de vuelta, de apenas diez minutos, hablábamos por el móvil por si acaso, para que a mí no me pasara lo mismo. Pero con el paso del tiempo, con experiencias nuevas, con los numerosos viajes que vinieron después nos fuimos olvidando de aquel episodio y comencé a volver sola a casa de madrugada. Amanecía tan temprano en Braunschweig —sobre las cuatro de la mañana— que me gustaba atravesar la ciudad desierta caminando, sintiendo el frío y sintiéndome libre también. Nunca más volvimos a hablar de R.

Fue el incidente con mi compañero de piso checo lo que me trajo a la memoria aquella experiencia. Ahora que han pasado diez años, que me siento menos cría que a mis veinte años, veo más necesario que nunca hablar de las violaciones, nombrarlas, contarlas. ¿Cuántas veces las mujeres hemos silenciado nuestra historia porque creemos que no será comprendida privando así a las siguientes generaciones de testimonios en los que apoyarse para vivir sus vidas? Leyendo a Despentes y recordando con deta-

lle lo que mi amiga vivió comprendí que la violación es como una «herida de una guerra que se libra en silencio». Lo cuenta Despentes, si dices que te han violado, si dices la palabra, te preguntarán: «¿qué es lo que quieres?, ¿que se sepa lo que te ha sucedido?, ¿que todo el mundo te vea como a una mujer a la que eso le ha sucedido?». Nuestro silencio les da la victoria a ellos, «sus risas de tíos, entre ellos, la risa de los más fuertes, los más numerosos».

El resto de mi año en Praga fue mucho más feliz. Al poco tiempo de mudarme conocí a M., un chico de Mérida que estaba haciendo su Erasmus en literatura comparada en la Universidad Carolina de Praga. Nos gustamos desde la primera vez que nos vimos y volví a dejarme llevar por ese impulso juvenil: al mes de conocernos ya estábamos viviendo juntos. Lo que más me gustaba de M. era que leía tanto como yo. Cada uno había trazado su propia geografía literaria y nos habíamos encontrado allí, en Praga, dispuestos a recomendarnos libros —nuestra historia de amor empezó precisamente en un club de lectura en el Instituto Cervantes que tenía como objeto de comentario la obra de David Trueba. Una noche, una de esas noches en las que no conseguía conciliar el sueño, le conté lo que me había pasado en mi anterior piso y la violación de mi amiga. M. se levantó de la cama y me puso en las manos un libro que todavía conservo: *Una mujer en Berlín*, que es el testimonio anónimo de una mujer que sufrió las agresiones sexuales y las violaciones de los soldados rusos justo después de que finalizara la Segunda Guerra Mundial. Aquel libro que hablaba de violaciones en Alemania había sido publicado en español un par de años antes de que nosotras llegáramos a Braunschweig. Se calcula que en aquellos días de confusión posteriores a la guerra fueron violadas más de cien mil mujeres en Berlín a manos del Ejército Rojo. Cien mil mujeres. Cien mil. En unos cuadernos de notas y trozos de papel sueltos, una periodista alemana que nunca reveló su nombre escribió entre abril y junio de 1945 un diario del dolor, unas «memorias del subsuelo» como las llama Hans Magnus Enzensberger en la introducción. Esas notas fueron escritas en un refugio antiaéreo con un trozo de lápiz y a la luz de las velas sin saber qué pasaba más allá de aquellas oscuras paredes. No fue la única a la que violaron en aquel refugio, cuando entraron los rusos, cualquier mujer podía ser tomada por las muñecas entre unos cuantos, agarrada por la garganta, tirada al suelo sin voluntad. Leer esa obra fue duro pero, en cierto modo, también liberador. Había mujeres que habían escrito sobre la violación, había relatos aunque no fáciles de publicar. La autora confió sus cuadernos a un crítico literario y periodista, Kurt W. Marek, que consiguió que se publicara en Estados Unidos en 1954. Cinco años más pasaron hasta que se publicó en Alemania, pero tuvo mala acogida. Uno de los críticos que reseñó el libro habló de «la desvergonzada inmoralidad de la autora». Ella era la que debía sentir vergüenza al contar algo así. Me parece importante señalar que en el libro los hombres alemanes, los maridos, quedan como «testigos impotentes». Quizá lo más doloroso de todo era que los hombres no habían hecho nada para que no violaran a las mujeres. Durante décadas no se volvió a hablar del libro ni de su autora. Aquellas notas garabateadas en sucios pedazos de papel permanecieron en un cajón cuarenta años hasta que su autora murió en 2001.

Veinticuatro años después de que aquella mujer anónima escribiera su diario, la autora afroamericana Maya Angelou publicaba *Yo sé por qué canta el pájaro enjaulado*, una obra autobiográfica en la que describe la violación de Ritie, una niña de ocho años que fue víctima de abusos a manos de la pareja de su madre, un relato atroz y doloroso donde reflexiona acerca del silencio impuesto a quien sufre una violación. Ritie cuenta que su simple aliento, el hecho de emitir palabras podía envenenar a la gente.

Las palabras se harían una bola y entrarían en los cuerpos de los otros haciéndolos morir como las negras y gruesas babosas. Ritie sentía que tenía que dejar de hablar y pegarse al sonido como una sanguijuela. Mujeres como Despentes, Angelou y la «mujer en Berlín» que se atreven a escribir sobre la violación, cada una a su manera le lanzan un mensaje al mundo: «No queremos guardar nuestras heridas, nos queremos ser víctimas dignas que sepan callarse».

Mi amiga nunca denunció porque quería dejarlo pasar, olvidarlo. Tampoco denunció porque pensó que la culparían a ella por estar borracha, por aparecer en su propio colchón a la mañana siguiente. ¿Quién iba a creer que la habían violado? Hace un par de años, Emma Sulkowicz, una alumna de arte de la Universidad de Columbia, en Nueva York, comenzó a cargar un colchón de un lado a otro del campus. Bautizó su iniciativa como «Carry That Weight». En aquel colchón de su cama de la residencia, un compañero de clase la había violado dos años antes. Al principio, le costó denunciarlo por miedo, pero cuando lo hizo, lo declararon inocente. Aquel chico ya había violado a un par de alumnas que tampoco habían denunciado por temor a quedar «marcadas». ¿Qué debemos hacer entonces? Me hubiera gustado ayudar a mi amiga de otra forma hace diez años, llevar con ella el colchón de nuestra cama a cada fiesta Erasmus. No habría sido difícil, el colchón era apenas una fina colchoneta de espuma, pero supongo que hay que ser muy valiente para eso. ¿Tendría que haber ido a hablar con R., hacerle saber lo que había hecho? Es difícil disimular la rabia sabiendo, como escribe Despentes, que la sociedad nos ha educado para no golpear a un hombre si nos abre las piernas a la fuerza y a la vez nos impone una ley de silencio no escrita que, de alguna manera, nos obliga a no reponernos nunca. No sé cuál es la solución, quizá deberíamos hablar más entre nosotras, hermanarnos, contarnos cada episodio de acoso por la calle, tener pequeños grupos de «guardia» a través de Whatsapp, o quizá debamos aprender alguna que otra técnica del jiu-jitsu —como las que aprendieron las sufragistas—, para noquear a violadores y acosadores. M. me hizo saber que no estamos solas. Si nos unimos, podemos ser las chicas King Kong.

10

Canción de amor de la joven loca

> Es difícil escribir sobre algunas cosas. Al contar lo que te ha sucedido lo dramatizas en exceso o le quitas importancia, exageras lo insignificante u omites lo principal.
>
> El resultado es que nunca lo escribes como querías hacerlo.
>
> SYLVIA PLATH

En agosto de 1950, Sylvia Plath tenía diecisiete años y trabajaba en la granja Lookout, en el estado de Massachusetts. Imagino que era uno de esos trabajos de verano antes de que su vida académica en el Smith College comenzara. Una tarde húmeda y calinosa, después de trabajar en el fresal, quiso escribir un poema, pero se acordó de una carta que le había llegado días antes rechazando una colaboración no solicitada: «Después de un aguacero nos llegan de todo el país, como un diluvio, poemas titulados "Lluvia"». Al menos se habían molestado en escribirle una nota de rechazo original y con estilo. Pero a Sylvia debió de sentarle bastante mal la negativa porque, en lugar de dedicarle unos versos a la humedad, se sentó sobre la cama a escribir en su diario. «Nada es real excepto el presente, siento ya un peso de siglos que me asfixia. Hace cien años hubo una chica que vivía como yo. Y está muerta.» Sesenta y un años después, en un agosto bochornoso en Alcalá del Río, yo escribía en mi cuaderno algo bastante parecido sin haber leído todavía los diarios de Plath. Dramatizar es algo que siempre se me había dado bien, pero esta vez era algo serio, terriblemente serio. El presente se me antojaba confuso. La eterna pregunta acechaba como la espada de Damocles: ¿era algo que solo me pasaba a mí o era algo generacional? ¿Qué iba a hacer con mi vida? Había acabado mi posgrado en literatura comparada y no tenía trabajo, lo que no me sorprendía demasiado porque ya empezaba a intuir que la literatura comparada no suma puntos en ningún currículum. Tenía veinticinco años, una licenciatura en periodismo, un máster y tres años de estancias en el extranjero, pero para el mercado laboral —he llegado a sospechar que en España el tal «mercado», en lugar de un concepto abstracto, es un señor de bigote que solo le da trabajo a sus amigos— yo no existía. ¿Qué podía hacer? ¿Quedarme en Sevilla buscando un trabajo de lo que fuera? No tenía del todo claro si la culpa era mía o del dichosos «mercado», lo que sí sabía era que sentirse como una mierda, como una imbécil, seguir creyendo que si trabajaba duro triunfaría, no arreglaba nada.

El espíritu aventurero que comenzaba a evaporarse —me acercaba peligrosamente a la treintena y no tenía nada: ni casa ni trabajo ni futuro— me impulsó a intentarlo una vez más y me decidí a pedir otra beca para un destino lejano donde seguir probando. Londres se me apareció en el horizonte como la mejor posibilidad para empezar de nuevo. Y allí me planté. Antes de irme, aprove-

SYLVIA PLATH

Boston, 1932-Londres, 1963.

Sus libros de poemas más importantes son *El coloso*, *Ariel* y *Tres mujeres*. También escribió una novela, *La campana de cristal*, y decenas de cartas a su madre.

Se casó a los veinticuatro años con el poeta inglés Ted Hughes y tuvo dos hijos con él, Frieda y Nicholas. Se separaron porque Ted tenía una aventura con Assia Wevill. Sylvia se suicidó la mañana del 11 de febrero de 1963. Durante toda su vida escribió un diario.

«Soy una escritora de genio; se me ha concedido el don. Estoy escribiendo los mejores poemas de mi vida.»

chando que todavía era alumna de la universidad, saqué de la biblioteca los diarios de Sylvia Plath que me acompañaron todo aquel año y cuyo préstamo fui renovando hasta que agoté las renovaciones y me pusieron una multa gigantesca que tardé casi dos años en saldar. Lo mío con las bibliotecas no tenía remedio. Sylvia Plath seguía siendo joven, siempre sería joven. Pensé que ella era una buena compañera de viaje. Esperaba encontrar respuestas en sus pensamientos más íntimos. También esperaba que, a través del tiempo, me recomendara lugares de Londres, quería poder imaginármela allí, sentada en algún parque de la ciudad cincuenta años antes de que yo llegara. Ella había dejado su casa y a su familia en Boston para estudiar con una beca Fullbright en la Universidad de Cambridge. Esa beca marcó un antes y un después en su vida, ya que durante su estancia en Cambridge conoció al que sería su marido, Ted Hughes, y su vida cambió para siempre. Me interesaba saber cómo las mujeres, las escritoras, habían vivido su vida, cómo enfrentaban las decisiones, equivocadas o no. No sabía si mudarme a Londres cambiaría algo, pero mi empeño por abrazar la vida a toda costa me había llevado a convertir una inquietud en una verdad angustiosa: la vida estaba en otra parte, en cualquier otro lugar que no fuera mi pueblo. Tenía la certeza de que mi «verdadera» vida me esperaba en una ciudad de algún país extranjero. Ya había probado en Braunschweig, en Ciudad de México, en Praga; pero aquel viaje era distinto, por primera vez, no me iba motivada únicamente por la expectativa de desaparecer y escapar de mí misma, sino que lo que buscaba era ganarme la vida como fuera.

Llegué a Londres a finales de septiembre de 2011 para trabajar en el Instituto Cervantes. En principio, todo sonaba fenomenal, al menos si no me paraba a pensar en que me había mudado a una de las ciudades más caras del mundo con una beca de setecientos euros al mes. Contaba con ahorros de los años anteriores, casi siempre había estudiado y trabajado a la vez, y además M. venía conmigo. Alquilaríamos algo juntos y compartiríamos gastos. Él daría clases particulares de español, yo trabajaría en el Cervantes y nunca jamás saldríamos a comer fuera. Después de pasar casi diez días en la habitación enmoquetada y sucia de un *hostel* situado frente a la estación de Saint Pancras y de visitar a diario cuatro o cinco apartamentos que raramente podíamos permitirnos, acabamos alquilando un piso en el barrio de Hammersmith como dos desesperados. Vivimos en un minúsculo estudio en Fulham Palace Road donde dormíamos, comíamos y sobre todo discutíamos, todo en la misma habitación. Nuestro presupuesto era de mil doscientas libras y aquello fue lo único que encontramos. Ahora me arrepiento de no haber buscado más o de no habernos ido a dar la vuelta al mundo con el dinero que nos gastamos en el alquiler. Un año después volví al pueblo arruinada y sin saber todavía qué iba a hacer con mi vida.

Aprendí tarde que Londres no era la ciudad emocionante y abierta donde todo era posible, pero antes de saberlo jugué un tiempo a ser una muchacha todavía joven que recorría los mercadillos buscando vestigios de otras vidas más interesantes y más auténticas que la mía. A los veinticinco años por fin cumplí uno de mis sueños más frívolos: comprarme un abrigo de visón de segunda mano en Portobello Road. Aunque era octubre y todavía no hacía frío, estaba obsesionada con la idea de tener un visón como el de mi abuela y pasar el invierno metida dentro fingiendo ser una de esas modernas que poblaban la ciudad. Así de tonta era.

Me había imaginado muchas veces cómo sería vivir en Londres. Tendría una buhardilla con una pequeña ventana desde donde vería llover, pasaría frío y me calentaría al abrigo de los diarios de Plath, pasearía por la ciudad sin mapa y con unas gafas de sol redondísimas tras las que ocultaría mis vidriosos ojos de poeta deslumbrada ante la gran ciudad. Nada más lejos de la realidad, al final mis días en Londres pasaron pesadamente, trabajaba de lunes a viernes desde la mañana hasta que oscurecía, cenaba pizza cuatro quesos una vez a la semana en el Pizza Express y me pasaba los fines de semana en la librería Foyles de Charing Cross Road leyendo libros que no podía comprar. Tardé tres meses en aceptar que aquello no era lo que esperaba, pero cada sábado por la mañana, en cuanto me ponía mi sombrero de bohemia, metía un par de libros en el bolso y salía a pasear por la ciudad con M., el desencanto se me pasaba. La felicidad duraba más o menos hasta los domingos por la tarde, a esas horas siempre me asaltaba la misma ansiedad de cuando era niña y a esas alturas del fin de semana todavía no había hecho los deberes. Recorrí Londres de punta a punta pensando en qué haría cuando llegara abril y se me acabara la beca. ¿Podía vivir para siempre en aquella enorme ciudad que ofrecía una vida apasionante que no podía permitirme? Todavía hoy me cuesta controlar esta tendencia a considerar cualquier decisión como definitiva, como si no hubiera vuelta atrás. En 2011 no existía para mí la posibilidad de quedarme un tiempo en Londres para probar si podía salir adelante; o me quedaba a vivir allí o me iba para no volver. Lo que no lograba ver era lo difícil que resultaría tener algo en la vida si cada año cambiaba de país. El viaje formaba parte de mí como lo hacían los libros, no entendía la vida sin leer, igual que tampoco la entendía sin esa sensación de novedad que implica mudarse a un país extranjero. Me veía siempre preparándome para el futuro, para lo que viniera después, porque el presente me interesaba poco. El presente nunca era lo suficientemente bueno. Tratar de recordar con minuciosidad esos años que pasé en otra parte se parece bastante a mirar imágenes de cuando era pequeña en los álbumes de fotografías. Sé que soy yo porque veo mis ojos, pero no me reconozco del todo. Como anotó Sylvia Plath en sus diarios, es difícil escribir sobre algunas cosas que vivimos y experimentamos; en cambio, escribir sobre los demás es mucho más sencillo.

Pasé las primeras semanas en el Cervantes moviendo cajas y muebles escaleras arriba y abajo. El edificio del barrio de Belgravia estaba en obras y no sabían muy bien qué hacer conmigo, no tenía mesa ni tarea específica, pero sí dos brazos más o menos decentes que servían para cualquier cosa. Un día me tocaba barrer el polvo de las aulas, otro colocar sillas y mesas para los alumnos, y el resto, mover cosas: pizarras, cuadros, carpetas, libros. Pero no estaba sola, éramos tres las becarias del departamento académico dedicadas en cuerpo y alma a tan vitales tareas. Lo que más me molestó es que la biblioteca estuviera cerrada y todos los libros guardados en cajas. Aquel año tendría que conformarme con las bibliotecas de los barrios, que eran como casas de acogida, allí podías buscar trabajo, tomarte el desayuno, echar la siesta y pasar el húmedo invierno, pero sus fondos dejaban bastante que desear. Cuando las aulas tomaron forma y logramos mantener el polvo bajo control, me asignaron una mesa y un ordenador en el despacho del jefe de estudios, que sería mi centro de operaciones. Mis tareas eran muchas y ninguna tenía que ver con el periodismo o con la literatura, más bien con la administración: listas de alumnos, envío de certificados, atención telefónica. El trabajo de las secretarias era tan abundante que terminaron por colocarme en la recepción como una más. Yo, que había pedido la beca para trabajar en el departamento cultural y aprender la tarea de gestora como posible salida laboral, me volví una sagaz recepcionista que lo mismo atendía el teléfono, que echaba una mano en la biblioteca de manuales de español, preparaba cafés o asistía como azafata a las ferias de idiomas. La magia que envolvía la idea de trabajar en el Cervantes se desvaneció el primer mes y de nuevo me vi cargando la pesada mochila de la frustración. ¿Esa precariedad y provisionalidad no se iba a acabar nunca? Durante toda mi vida me he hecho preguntas sin parar, y la mayoría de las veces no tenían respuesta. En el Cervantes me hacía la misma cada día a las cinco de la tarde, cuando salía por la puerta: ¿qué sentido tenía que me desaprovecharan así? ¿No podía hacer algo más que listas de Excel y portes?

Durante aquellos meses conocí a decenas de españoles de veintitantos años que como yo se buscaban la vida en Londres. Una de las becarias del Cervantes, que ni siquiera recibía remuneración alguna, vivía en una casa con ocho españoles más. Todos licenciados que no encontraban trabajo en España. En Londres tuve una de mis primeras incursiones periodísticas. Estaba tan molesta con la situación de algunos españoles —era indignante cómo venían a la ciudad, engañados por agencias españolas de colocación que a cambio de unos quinientos euros les prometían trabajo y alojamiento— que tenía que escribir algo al respecto. El resultado de mi visita a aquel piso «patera» en West Ham fue un reportaje que se publicó en *El Mundo* en diciembre de 2011 y por el que cobré veintinueve euros.

Empezaba a darme cuenta de una realidad que me negaba a aceptar: éramos inmigrantes. M. ponía anuncios por todo Hammersmith ofreciéndose para dar clases particulares, los chicos de West Ham fregaban platos por horas y aprendían inglés en las clases gratuitas que ofrecían las oficinas de empleo británicas, las becarias del Cervantes almorzábamos sándwiches y macarrones con tomate día sí, día también porque ni siquiera podíamos permitirnos hacer una compra decente en el supermercado. ¿Qué estaba pasando? Como el reportaje más o menos funcionó y al año siguiente se celebraban las Olimpiadas en Londres, pensé que podría escribir crónicas para el periódico desde allí, colaborar como freelance por primera vez, aunque cobrara poco. Lo importante era no dejar de hacer cosas, no rendirse. El corresponsal que *El Mundo* había enviado a Londres acababa de llegar y quedamos una noche en un pub de Fulham Palace Road, cerca de la sala de conciertos Olympia, para charlar de mi posible colaboración. Recuerdo lo nerviosa que estaba de camino al pub, me temblaba todo el cuerpo y le decía a M. que aquella era la oportunidad de mi vida, que tenía que demostrar inteligencia y humildad y disposición y esa actitud que empezaba a estar tan de moda, la «proactividad». Me río pensando en mi ingenuidad de entonces. Aquel señor ya tenía decidido que no iba a contar conmigo, conocerme fue una formalidad, mi ilusión por la posibilidad de empezar a ejercer de periodista era solo un síntoma de mi agonizante romanticismo juvenil, que empezó a resquebrajarse según fui enterándome de cómo funcionan las cosas. Después de hablar durante poco menos de una hora, sobre todo de su anterior destino como corresponsal y de su interés por la vida sana, nos despedimos sin acordar nada, pero de camino a casa no paré de ordenar y desordenar temas en la lista mental de propuestas que le enviaría al día siguiente. Mis correos electrónicos siempre fueron respondidos con largas y nunca más escribí para *El Mundo*. Ahí se acababa una carrera periodística que ni siquiera había tenido la oportunidad de empezar. Y así estábamos muchos españoles en Londres, sobreviviendo cómo podíamos, sin tener la oportunidad de encontrar un empleo relacionado con lo que habíamos querido ser toda nuestra vida —periodistas, enfermeros, profesores, bibliotecarios o filólogos— porque comenzaban a decirnos que nunca lo conseguiríamos, que no había espacio para nosotros.

Aquellas navidades volví a casa el día antes de Nochebuena para pasar unos días con la familia, y a todo aquel que me preguntaba por mi estancia en el extranjero le contaba que Londres era la ciudad de mis sueños, que allí podías ser quien quisieras ser. Mi madre era la única que conocía toda la verdad, hablábamos cada noche y yo no me dejaba nada atrás para ahorrarle sufrimiento, era mi mejor amiga y no podía mentir a mi mejor amiga. Pero engañaba al resto de la familia, imagino que intentaba disimular el fracaso que yo ya intuía. Me obligaba a hablar rápido y bien de mi vida londinense porque creía que si alguien se fijaba en mis silencios entre frase y frase podría descubrir lo perdida que estaba. El hundimiento definitivo tuvo algo que ver con el fracaso laboral y mucho con la muerte de la mujer fuerte y libre de mi familia, mi tía abuela Carmen, unas semanas después.

Volví a Londres en enero de 2012, un par de días antes de mi cumpleaños, ilusionada por una escapada que M. y yo habíamos organizado para pasar el 7 de enero en Oxford. Ese día cayó en domingo y como estuve todo el día fuera, mi tía Carmen no me localizó y acabó grabando su felicitación en el contestador. Aquella fue la última vez que oí su voz. El domingo siguiente me pasé horas quejándome en un Starbucks de Oxford Street de lo mal que me sentía porque mi vida no se parecía en nada a lo que yo deseaba que fuera mientras M. me escuchaba impasible. Había llegado ya a los veintiséis años y eso suponía otra crisis existencial más, y no sabía si me iba a durar un domingo o de por vida. Cuando volvía a casa, recibí una llamada de mi madre: aquella tarde, mientras yo me sentía tan desafortunada, se habían encontrado a mí tía semiinconsciente en el suelo de su habitación sobre un charco de orina. Mi tía Carmen, la mujer que llevaba veinte años contándome la historia de mi familia, había sufrido un infarto cerebral y estaba muriéndose en un hospital a dos mil kilómetros. Aquel domingo algo se rompió en mí, una inmensa grieta comenzó a separarme en dos mitades. Pasé la noche en vela temiendo que volviera a sonar el teléfono y que las noticias fueran aún peores. Mi tía tenía ochenta años y durante las horas que pasó tirada sin que nadie lo supiera, el infarto se repitió. A las tres de la mañana se iluminó la pantalla del móvil. La vida cambia deprisa. La vida cambia en un instante. Tumbada boca arriba en la cama solo podía repetir como un mantra las primeras palabras de *El año del pensamiento mágico*, la novela de Joan Didion sobre la muerte de su marido. Te sientas a cenar y la vida que conocías se acaba. «Cuando tenemos delante un desastre —escribe Didion—, siempre nos fijamos en lo anodinas que eran las circunstancias.» La mañana de aquel domingo helado de enero el cielo era de un azul casi transparente, la gente iba de un lado a otro de Oxford Street con muchas bolsas porque era época de rebajas y se amontonaba delante del Starbucks para conseguir un pequeño vaso de chocolate caliente gratis. Al atardecer, cuando recibí la primera

166

llamada de mi madre, íbamos caminando a Marble Arch; me gustaba sentarme en las escalinatas que desde dentro de Hyde Park miraban hacia el arco, aquella vista me recordaba al arco de Washington Square en Nueva York que tantas veces había visto en las películas. La vida cambia deprisa. Pasé la noche en vela y a la mañana siguiente, M. me llevó a caminar por el Támesis. Acabamos en la cafetería de la Tate Modern, mirando el río por un enorme ventanal hasta que oscureció. De aquel día recuerdo las cinco, quizá seis horas, que pasé frente a M. con la mirada fija en el cristal, viendo las luces al otro lado del río, sorprendida con la calma que me transmitía el reflejo de nuestras tazas de té en el vidrio. Volví al Cervantes al día siguiente como si nada hubiera pasado. Mi jefe y mis compañeros me dieron el pésame y yo sentía que, de alguna manera, debía justificar mi dolor por la muerte de una señora octogenaria que no era mi abuela, suponía que podía parecer exagerado a ojos de aquellos jefes y compañeros que no sabían nada acerca del vínculo que me unía a mi tía Carmen, de la importancia que su ejemplo, ahora perdido, había tenido para mí. Me atormentó durante semanas que mientras ella se estaba muriendo yo estuviera lamentándome por no tener un buen trabajo, quejándome como si fuera la persona más desafortunada del mundo.

A mi tristeza se sumó la preocupación, me quedaban solo tres meses más de beca y había agotado casi todos mis ahorros. ¿Qué iba a hacer?

Empecé a tener pesadillas cada noche. En ellas siempre estaba en una habitación muy oscura, todo era una gran mancha de sombra y apenas acertaba a verme las yemas de los dedos. Me abrumaba la soledad, estaba sola, muy sola, y justo cuando no podía soportar más esa certeza que me pesaba en el pecho me despertaba, pero cuando abría los ojos no podía moverme. No sabía si seguía dentro del sueño o si me había quedado paralizada. Intentaba hablar, decirle a M. que no me respondían los brazos ni las piernas, pero no se inmutaba, seguía a mi lado como si estuviera solo. Otras veces soñaba que dormía en la cama de mi habitación de la casa del pueblo y cuando abría los ojos me sobresaltaba porque veía una silueta apoyada en el marco de la puerta que me observaba; tardaba unos segundos en darme cuenta de que quien me estaba mirando era yo misma, como si mi cuerpo se hubiera desdoblado; sin embargo, el rostro de esa sombra no era el mío exactamente, se parecía, pero tenía una extraña mueca y llevaba el pelo mucho más largo. Todo aquello me daba mucho miedo. ¿Por qué tenía esas terribles pesadillas? Empezó a asustarme la idea de coger el metro, de salir a la calle sola, y una noche me encontraba tan mal que M. decidió llevarme al hospital de madrugada. Cuando me hicieron el reconocimiento, comprobaron que mi corazón iba a ciento veinte pulsaciones por minuto. Después de un par de horas en las que me sometieron a todo tipo de pruebas cardíacas, los médicos concluyeron que no me pasaba nada. Hubo tres episodios más de carrera nocturna al hospital y en la última de las revisiones, cuando el doctor me dio el alta, me sugirió que quizá tuviera ansiedad.

Cuatro meses antes había llegado a Londres tan expectante y vital, quería saberlo todo sobre la ciudad en la que Sylvia Plath había vivido los años más felices e infelices de su vida. Cuando Ted Hughes y ella se mudaron a la casa de Primrose Hill, ella se sentía «tan llena de alegría» que acostumbraba a sentarse en uno de los bancos de Regent's Park con su hija Frieda a ver caer las

«hojas doradas» de los árboles. La casa en la que vivió más o menos un año con su marido y su hija estaba en el número 3 de Chalcot Square. La casa que había sido del poeta W. B. Yeats y en la que Sylvia se suicidó estaba en el número 23 de Fitzroy Road. Ambas se encontraban apenas a un par de minutos caminando una de la otra. Esos días adopté una costumbre: me subía en el metro y me iba hasta Regent's Park a sentarme en un banco con los diarios de Sylvia sobre las piernas, ese hábito me calmaba, me hacía sentir que todavía era yo misma.

Pasé mis últimos meses en Londres peleando contra la ansiedad, contra esa sensación de caída libre. Los análisis estaban bien, los latidos se desaceleraban si me concentraba en respirar lenta y pausadamente mirando un punto fijo, poco a poco las pesadillas se espaciaron, cada vez más; sin embargo mi mente no dejaba de caer.

Abría los diarios al azar intentando encontrar entre sus páginas citas como quien abre una galleta de la fortuna, esperaba algún tipo de señal que me hablara directamente a mí. Necesitaba comprobar que Sylvia alguna vez fue una muchacha jovial y despreocupada que quería abrazar la vida furiosamente. Una de esas veces, el diario se abrió por el 25 de febrero de 1957, cinco años antes de que se suicidara. Sylvia estaba estudiando en Cambridge, ya se había casado con Ted y en esa entrada se recordaba a sí misma que tan solo dos años antes, estaba sentada en el escalón de la entrada de su instituto en Wellesley lamentándose por no escribir, por no hacer nada con su vida: «Si pudiera viajar, murmuraba para mis adentros, y conocer Gente Interesante, ah, ¡qué no escribiría yo! Cómo los asombraría a todos. Ahora ya he vivido en Cambridge, Londres y Yorkshire; París, Niza y Munich; Venecia y

Roma; Madrid, Alicante y Benidorm. Nada menos. ¿Dónde estoy?». Sylvia había ido a Cambridge para encontrarse, para ser ella misma y, según cuenta en su diario, sufrió una gran depresión el primer invierno de la que consiguió salir airosa. Al leerlo noto que al diario le faltan páginas, días, es como si hubieran sido arrancadas. Los diarios que se publicaron póstumamente son una selección que hizo Ted Hughes, quien confesaba en la introducción que destruyó parte de los textos porque no quería que sus hijos tuvieran que leerlos. Por aquel entonces «consideraba el olvido como parte esencial de la supervivencia».

Seguí leyendo en la página siguiente y me encontré con una Sylvia que desconocía: «Hoy he ido en bicicleta a la ciudad para hacer la compra [...] empezaba a asustarme la posibilidad de convertirme sin trauma en una persona práctica y prosaica: en lugar de estudiar a Locke, por ejemplo, o de escribir, voy y preparo una tarta de manzana, o estudio *La alegría de cocinar*, leyéndolo como si fuera una novela interesantísima». Esa era la Sylvia Plath que me interesaba, la que mostraba sus tensiones cotidianas no sin cierta ironía. Aquella Sylvia me hizo reír y olvidarme de mí misma. «Caramba, me dije. Si recurres a la vida casera para escapar, te ahogarás cayendo de cabeza en un cuenco de pasta para hacer galletas». Si hubo una vez en la que Plath pudo tomarse menos en serio a sí misma, ser capaz de vislumbrar que podía ser lo que ella quisiera, yo también podía. Mientras preparaba la tarta de manzana, tenía abierto el diario de Virginia Woolf y pudo comprobar que, al igual que ella, Woolf «limpiaba la cocina para combatir la depresión producida porque Harper's no le había aceptado unos trabajos (¡nada menos!, ¡apenas me creo que también a los Grandes les rechazaran sus manuscritos!). Y a continuación preparaba merluza y salchichas. Bendita sea. Siento que, de algún modo, mi vida está ligada a la suya».

Había funcionado mi técnica de la «galletita» y encontré el pasaje que estaba buscando sin saberlo. Sylvia se refiere en esa página al suicidio de Virginia para hablar de su primer intento de quitarse la vida en el «oscuro verano» de 1953. «Yo no podría ahogarme. Supongo que siempre seré una persona demasiado vulnerable, ligeramente paranoide. Pero también, por otra parte, estoy terriblemente sana y aguanto lo que me echen. Y tan feliz como una tarta de manzana. Solo que tengo que escribir.» Durante los meses que siguieron a mi primera crisis de ansiedad, conseguí reponerme un poco, nunca estuve tan feliz como una tarta de manzana, pero leer ese fragmento de sus diarios me consolaba. Yo había sido feliz y podía volver a serlo. Sin embargo, Londres no era mi sitio. A finales de abril, M. y yo dimos un último paseo por el Támesis, por la Tate Modern, pero esta vez al otro lado de los ventanales. Volví al pueblo con una sensación enorme de fracaso, aunque también con la voluntad de «luchar a brazo partido por una vida buena».

11

La voz de mi bisabuela roja

> Lo tengo muy presente: la guerra la relatan las mujeres.
>
> Svetlana Alexiévich

Esta noche he vuelto a soñar que mi bisabuela Asunción estaba viva. Ahora lo recuerdo. Yo era solo un bebé y ella me sostenía en los brazos. Estaba mamá y también la abuela Eugenia. Y yo podía verlas dispuestas una al lado de la otra: tres generaciones de mujeres juntas en el ritual del baño a la recién nacida. Podía verlas ahí en la habitación que ahora ocupan mis libros y podía verme a mí, desnuda y frágil, en sus arrugadas manos de bisabuela centenaria sujetándome como si fuera una de sus hijas. En el sueño yo era un bebé y también era yo misma, una mujer de veintisiete años viéndolo todo desde arriba, como sobrevolándolas. Es extraño pensar en ella ahora, pero su recuerdo no descansa en mi cabeza. Apenas nos cruzamos dos meses en este mundo, pero su voz me acompaña muchas noches cuando todo parece derrumbarse. Cuando volví de Londres, me pasaba los días enteros sentada delante del escritorio mirando la pared blanca, muy enfadada conmigo misma, muy frustrada. Ahora que había vuelto a casa y no tenía un trabajo que me distrajera de lo que de verdad quería ser en la vida —escritora—, no conseguía quitarme del cuerpo la sensación de futilidad. Y entonces soñé con ella otra vez. Un sueño que se repetía cada tres noches sin variación alguna, un sueño que no podía contar a nadie porque en mi yo todavía infantil creía ciegamente en la superstición de que se podía cumplir tan solo si no lo contabas. En esos días de fracaso absoluto en los que pensaba que jamás volvería a salir del maldito pueblo, de la habitación de la infancia que casi permanecía intacta, su voz venía a mí para quitarme la idea de la cabeza. O eso me gustaba pensar, que era ella quien me hablaba a través del tiempo para decirme que siguiera combatiendo.

Me costaba imaginarme en el futuro, no sabía demasiado bien qué quería hacer con mi vida. ¿Hacia dónde iba? Y pensé que quizá debería ir hacia atrás, pensar en la vida de mi bisabuela cuando tenía los mismos años que yo ahora, volver a retomar esas historias suyas de la guerra que me sé de memoria aunque ella nunca tuviera la oportunidad de contármelas.

Leyendo hace unos meses el libro de Svetlana Alexiévich sobre las mujeres que lucharon en el Ejército Rojo, sentí algo de reconocimiento. Ella dice que somos prisioneros de las palabras masculinas, que las mujeres guardan silencio o relatan la guerra de los hombres, no la suya. Antes que ella nadie les había preguntado a su abuela y a su madre por la guerra. Las mujeres tienen otra manera de contar las cosas, no recuerdan las batallas, pero sí todos los sacrificios que tuvieron que hacer para sobrevivir. A mí, la guerra me la contaron sus hijas, mi abuela Eugenia y mi tía abuela Carmen, cada una a su

manera. Y como niñas de la guerra relataban con sus propias palabras cosas muy distintas. De niña yo preguntaba mucho sobre la guerra, tanto que, a veces, me contaban una y otra vez la misma historia con pequeñas diferencias porque ya no recordaban ninguna anécdota más. Quería parecerme a Jessica Fletcher, la única detective que por entonces conocía, pero en lugar de resolver crímenes, yo quería conocer el pasado de mi familia, ser una detective de la historia y descubrirlo todo. Iba por la casa con un cuaderno y un bolígrafo apuntando las citas exactas, pues la fiabilidad de las fuentes era lo más importante de mi trabajo.

Una y otra vez me contaban que mi bisabuelo Pepe era, por aquellos días, alcalde republicano del pueblo, el último que tuvo Alcalá antes del golpe fascista. Mi bisabuela tenía la edad que yo tengo ahora cuando los militares fueron a por su marido. El 26 de julio de 1936, el bisabuelo cogió uno de sus camiones —por entonces era cosario, un transportista de la época— y abandonó el pueblo y a su familia para combatir en el bando republicano. Varios años estuvo mi bisabuela sin saber dónde estaba Pepe, sin saber si estaba vivo o muerto, y con cinco hijos a su cargo. Asunción tuvo que librar en Alcalá una batalla tan ardua como las que se libraban en el frente: sobrevivir como la mujer de un rojo. Pasaron muchos años hasta que entendí qué quería decir aquello de «rojo». Pero en mi cabeza me llamaba así a mí misma: roja. Siempre imaginé que si lograba parecerme en algo a aquella bisabuela que salvó a su familia, el futuro me tendría reservada alguna feliz aventura digna de la biznieta de una heroína. Siete años estuvo mi bisabuelo en la cárcel y cinco más hasta que lo dejaron volver al pueblo, a su casa. Treces años difíciles para mi bisabuela Asunción y sus hijos.

El castigo que infligieron a su familia fue ejemplar, eso era lo que se les hacía a los rojos: les quitaron la casa, los muebles, todo lo que tenían, y tuvieron que irse a vivir con el abuelo materno. Cuando supieron que estaba preso en la cárcel de Baza, en Granada, mi bisabuela y su hija mayor, mi tía Carmen, fueron a verlo a la celda. Nunca olvidaré las palabras de mi tía al contármelo, la grabé durante varias entrevistas que le hice y todavía conservo su voz en un viejo CD. Una de las tardes más intensas que recuerdo de las que pasé interrogándola me contó, con la voz quebrada por el dolor, que pudieron entrar a verlo de madrugada, cuando los guardias estaban borrachos. Su madre, me dijo, fue muy osada al tener el valor de entrar allí en plena noche sin saber qué se iba a encontrar. Y aquello fue lo peor: su marido, su padre estaba sentado en un patio alumbrado por una frágil candela, comiendo habas crudas y «pelao a rape». Nunca olvidaría que tenía los pantalones llenos de agujeros y atados a los tobillos para que los piojos no le subieran por las piernas. Mi abuela, en cambio, poco sabía de aquello, la anécdota que más le gustaba contarme era la del día en que su padre volvió, un hombre viejo al que no supo reconocer y que tampoco la reconoció a ella. Con una sonrisa orgullosa recordaba que su padre le preguntó a su madre quién era aquella muchacha tan guapa. Nueve años tenía mi abuela Eugenia cuando su padre se marchó y dieciocho la siguiente vez que se vieron. Lo tengo muy presente: la guerra la relatan las mujeres, cada una a su manera.

Hace apenas unos meses, mi madre me contó por casualidad algo que desconocía y que ni mi abuela ni mi tía abuela me contaron nunca, pero que se me antojó imprescindible para entender por

qué la familia no se murió de hambre durante la posguerra: mi bisabuela fue estraperlista. Asunción y su hermana Lupe se ayudaron mutuamente en esa aventura que imagino que consistiría en ir hasta la capital para vender lo poco que tenían clandestinamente. La hija de Lupe que todavía vive es el único testigo que queda de la valentía de aquellas dos jóvenes hermanas. De ser madres y dedicarse a las tareas de la casa, pasaron a ingeniárselas en un mundo hasta entonces de hombres. No fueron las únicas. Muchas mujeres y viudas de rojos encontraron en el estraperlo la única manera de dar de comer y vestir a sus hijos ante la escasez de los alimentos que proporcionaba la dictadura franquista a través de las cartillas de racionamiento. Mi bisabuela y su hermana se cosían en los delantales muchos bolsillos y se los ponían debajo de sus ropas para llenarlos con arroz, trigo, garbanzos y hasta huevos. Cargadas con lo que encontraban por el pueblo, se iban a Sevilla para cambiarlos por telas. Con esas telas hacían prendas para sus hijos y para los vecinos. Más de una vez las pillaron, me cuentan, porque en la estación de autobuses de Sevilla, al igual que en todas las estaciones de España, había aduanas custodiadas por la Guardia Civil que registraban a todos los pasajeros. No alcanzo a imaginar cuántas veces volverían con los bolsillos vacíos al pueblo. Como una detective cada vez con menos testigos a los que recurrir, todavía hoy sigo descubriendo cómo fue la vida de mi bisabuela y cuán distinta de la mía.

En mis peores momentos siempre he conversado con ella en mi cabeza, me he propuesto intentar vivir por ella, hacer algunas de las cosas que ella y sus hijas no pudieron hacer: disfrutar de su juventud, estudiar, viajar, soñar. Pero muchas veces miro atrás y veo que han pasado los años y en mi vida se suceden los días, uno tras otro, aburridos y vacíos, y el mayor riesgo que corro, supongo, es seguir aquí, en el pueblo, en la misma casa donde nací.

Por las tardes, cuando todos se van, me siento en la que fue su cocina y abro un cuaderno para escribirle, para preguntarle todo lo que nunca le pude preguntar. Ahora que ya no están sus hijas para contarme la historia de la guerra, será que, si sigue apareciéndose en mis sueños, me corresponde a mí recordarlas. Me gusta pensar que se me aparece para hacerme saber que, si en algún momento me siento perdida, podré aferrarme a nuestra historia para no caer.

12

Un abrazo de hermana

Artistas, escritoras, heroínas y mujeres de mi
infancia forman una cadena invisible dentro
de mí. Tengo la impresión de que mi historia
es la de ellas.

ANNIE ERNAUX

Hubo un tiempo en que las feministas firmaban las cartas que se
enviaban con las palabras «un abrazo de hermana». Germaine
Greer cuenta que los ideales de la fraternidad tenían mucho valor
para las feministas porque tener hermanas de sangre era cada vez
menos frecuente y en las otras mujeres hallaban esa compañía que
no encontraban en sus familias. No hay mejor amiga que una hermana, escribió la poeta Christina Rossetti, en la calma o en la tormenta una hermana siempre está ahí, alegrando el tedioso camino
o ayudándote a levantarte cuando te tambaleas. Pocas veces sentí
que mis amigas de la infancia y la adolescencia fueran mis hermanas, tampoco lo necesitaba. Crecí con una madre que era como
una hermana mayor, siempre dispuesta a escucharme y a contarme sus dilemas, siempre dándome fuerzas para tenerme en pie.

Veinte años después de que yo naciera, mi hermana Celia vendría a ser la hermana verdadera que me faltaba, la hermana de sangre. Germaine decía que entre las mujeres feministas mantenían una relación directa y clara, sin las jerarquías y los códigos de las fraternidades masculinas. Mi relación con mi madre y con Celia ha sido desde el principio directa y clara también, tan honesta y franca que soy capaz de confiarles todo lo que pienso y siento a cualquiera de las dos, a la de cincuenta y a la de diez. Cada una a su manera sabe cómo apoyarme en los días más brumosos. Una me pregunta con tanta insistencia que termino explotando en llanto; la otra se sienta en mis piernas cuando lloro y me abraza hasta que me crujen los huesos. En los años que he pasado en Alcalá desde que volví de Londres, exactamente cuatro, han estado siempre a mi lado y han sido una pieza clave a la hora de evitar que me derrumbe. El otro pilar sobre el que me he apoyado han sido los libros, más en concreto, los escritos por autoras, casi siempre muertas, a las que me he agarrado como si fueran mis otras hermanas para mantenerme en pie.

Mi mayor temor siempre ha sido la soledad. Desde niña he intentado ser la mejor amiga de muchas chicas, la confidente, la consejera, pero una a una me han ido abandonando a lo largo de los años. No las culpo, siempre he sido un tanto mandona y sincera hasta lo absurdo, cualidades difíciles de sobrellevar. Mi madre y mi hermana no tienen más remedio que quererme tal y como soy, con mis días de frenesí por la vida y mis noches depresivas, cuando la escritura no va a ninguna parte y quiero hacerme jardinera como mi padre. El entusiasmo por cultivar geranios se me pasa cuando mi padre me regala un tiesto con albahaca para mis guisos y aun siguiendo al pie sus indicaciones, la planta se me muere a los dos días. Lo mío es crear, me digo, no matar. Y entonces, vuelvo a la escritura con energías renovadas pensando que mis dedos son más inofensivos sobre el teclado que sobre las macetas.

Cuando volví al pueblo sin saber por dónde seguir, siempre que salía a la puerta de mi casa me encontraba con alguna vecina al acecho que quería cotillear y me preguntaba si tenía ya trabajo o si me iba a volver a marchar, «con lo bien que se vive en el pueblo y lo contenta que estará tu madre de tenerte aquí». Esos comentarios me generaron la necesidad de saber qué pensaba realmente. Creo que pocas veces me ha engañado, desde que era una niña me ha dicho la verdad sobre temas tan cruciales como si un vestido me hacía gorda, si me estaba pasando con las patatas fritas o si mi relación con mi novio formal no iba a ninguna parte, así que daba por sentado que también sería sincera si le preguntaba qué opinaba sobre mi vuelta al hogar. «Hija, por un lado estoy contenta, claro, pero por otro no te veo feliz y eso tampoco me hace feliz a mí». Ojalá algún día yo pueda llegar a alcanzar los poderes adivinatorios de una madre que es capaz de verlo todo antes de que pase. Después del primer año que pasé de nuevo en Alcalá, que transcurrió más o menos rápido mientras recuperaba la costumbre de caminar con sandalias por calles adoquinadas, subir sin aliento las cuestas —el mío debe de ser uno de los pueblos con más cuestas de España— y tener al tanto a cada vecina de lo que hacía o dejaba de hacer, llegó un tiempo de oscuridad en el que hice todo lo posible por no ahogarme. Mis amigas del pueblo se casaban, mis ex novios se casaban, mis primos se casaban. Y yo había dado la vuelta al mundo para volver a encerrarme en la casa de mis padres como si jamás hubiera salido de allí. Trabajé un año de librera en la Casa del Libro de Sevilla hasta que dejaron de renovarme el contrato, hice tres cursos gratuitos de empresas que te preparaban para ser comercial a puerta fría y lloré desconsoladamente por sentirme la persona más inútil del mundo. En ese tiempo, mi abuela Eugenia murió dejándome sin la última voz de mi familia capaz de contarme la guerra.

«Cualquier mujer que escribe es una superviviente», dijo Tillie Olsen. Yo creo que cualquier mujer que hable, que sea capaz de decir cómo se siente o de contar los episodios de su vida que más vergüenza le den, también lo es. Caitlin Moran llegó para recordarme que las mujeres seguimos sin contarnos muchas veces la verdad, excepto cuando estamos muy muy borrachas. Si esa afirmación esconde una verdad, yo no debía de contar la verdad nunca porque si acaso a lo largo de mi vida me habré emborrachado dos o tres veces. La borrachera que mejor recuerdo fue durante mi Erasmus en Alemania, bebí tanto vino malo del Lidl que acabé cayéndome al suelo. Perdí el móvil, perdí a mis amigas y estuve dos horas intentando salir de un bar sin ser capaz de atravesar la puerta. Me reí muchísimo en ese estado, caerse parecía una especie de estrategia para perder la vergüenza que me sobraba. Así que supongo que escribir este texto es como estar borracha y mostrarme en ese estado en el que no cabe la mentira, con una botella de vino de más, contando las veces en que me caí, literal y metafóricamente, intentando convertirme en la persona que quería ser. Escribir es lo que más se acerca a contar la verdad.

Adrienne Rich me enseñó que el silencio es una especie de trampa que nos paraliza y condiciona nuestras vidas. Ella tenía la misma edad que yo ahora cuando empezó a darse cuenta de que si quería entender qué fallaba en su vida debía establecer un diálogo con las mujeres del pasado. A pesar de que al principio vi mi re-

greso al pueblo como mi ingreso en una prisión de la que no sabía cuándo saldría, Alcalá terminó siendo el lugar que me hizo despertar. Confundida como estaba por mi situación laboral y la ausencia de expectativas no entendía que por primera vez en mi vida disponía de un cuarto propio y de un montón de tiempo para ocuparme de mi propia historia y contarla con franqueza. Nunca había dado la importancia debida a mis lecturas, a mi escritura. Tenía tanto miedo y desconfiaba tanto de mis posibilidades que lo único que se me ocurría era salir a buscar fuera —en el extranjero, en los demás— algo que en realidad estaba cerca de mí. Como la poeta Maxine Kumin, la gran amiga de Sexton, yo también empecé a escribir en la «Edad Oscura» de mi adolescencia con muy poca idea de quién era —una novia, una hija, una nieta, una alumna, una lectora, una idiota—. Las conversaciones con mi madre, con mi abuela, con mi tía Carmen me ayudaron a entender los sacrificios que cada una de ellas tuvo que hacer para seguir con su vida. Fue una especie de despertar. Los modelos femeninos en los que ansiaba mirarme, tanto aquellos a los que deseaba parecerme, como aquellos otros de los que quería fiarme a toda costa, no solo estaban en los libros, sino también entre las paredes de mi casa. Sin Dickinson, Beauvoir, Jo March, Plath o Sexton, sin las mujeres de mi familia, el descubrimiento del feminismo habría resultado imposible. Todas formaban dentro de mí una cadena invisible que me conectaba al pasado y al presente. Nunca estaría sola. Otras mujeres se habían sentido también a la deriva, pero habían encontrado hermanas a las que dar la mano en una noche de tormenta ya fuera en los libros o en otras mujeres de su presente. Esos lazos eran necesarios. Por un lado, la herencia literaria femenina, afirmó Rich, se había visto oscurecida, borrada y fragmentada. Rescatar a las precursoras era algo fundamental. Recuperar sus historias, enlazarlas con la propia, era una manera de tomar el poder. Porque el poder consiste en decidir qué historias se van a contar. Por otro lado, sentarme a la mesa de la cocina para ver cómo mi abuela hacía croquetas mientras me contaba que de joven tenía tantos pretendientes que no sabía cuál elegir, también era una manera de darle valor a su historia. En *Escribir la vida de una mujer*, Carolyn G. Heilbrun confesó que las historias tomaban forma como libros porque empezaban siendo intercambios orales entre mujeres que se reunían en grupos para hablar y escuchar sus relatos. ¿Existiría este libro si yo no hubiera pasado tantas tardes de verano en el poyete de la casa de mi abuela escuchándola charlar con sus vecinas? ¿Sería feminista si desde pequeña no hubiera visto cómo las mujeres del pueblo se sacrificaban por los hijos y el marido? Mientras las mujeres estén aisladas entre sí, mientras no puedan ofrecerles a otras mujeres las narraciones de sus vidas, afirmó Heilbrun, no tendrán un relato propio.

En *Persuasión*, la última novela de Jane Austen, Anne Elliot, su protagonista, dice que los hombres han tenido todo tipo de ventajas frente a las mujeres para contar sus vidas, han tenido más acceso a la educación y «la pluma está en sus manos». Ahora que la pluma la tenemos nosotras —somos más mujeres las que vamos a la universidad, más mujeres las que leemos—, deberíamos estar narrando nuestras vidas con autoridad, aunque dé pudor usar el «yo». Partir de nuestra experiencia en primera persona es el mejor camino para contar la verdad que tanta falta nos hace. Todavía siguen faltando relatos que hablen sobre la menstruación, sobre el acoso sexual, las violaciones, la violencia de género, la gordura y

hasta la maternidad. Anne Sexton fue una pionera en este aspecto, se atrevió a escribir sobre temas prohibidos como la masturbación o el aborto. En 1963, James Dickey, un crítico del *New York Times Book Review*, leyó su poesía y dijo que «sería difícil encontrar un escritor que insista de manera más pertinaz en los aspectos más lastimosos y desagradables de la experiencia corporal como si eso hiciera la escritura más real». El único objeto de esta crítica feroz era negarle el poder a Sexton de contar su propia historia. Si Sexton no se mantenía firme y se dejaba llevar por lo que otros dijeran sobre su obra se negaría que sus heridas —como decía el poema «El sueño de un lenguaje común» de Rich— provenían de la misma fuente que su poder. ¿Había algo más poderoso que hablar honestamente del dolor? En una entrevista Anne Sexton contó que hasta que cumplió veintiocho años tuvo una especie de yo enterrado que no sabía que podía hacer otra cosa más que preparar salsa blanca o cambiarle los pañales a su hija. Todo a lo que aspiraba aquella jovencísima muchacha era a estar casada y tener niños, ni siquiera sabía que era capaz de escribir poemas. Había sido educada para llevar una vida convencional, pero algo dentro de ella le decía que nunca llegaría a ser la mujer que su marido y su madre esperaban que fuese. Sexton llegó a escribir que «no podemos levantar pequeñas vallas blancas de madera para mantener a distancia las pesadillas». Un día de ese año que cumplió veintiocho, la superficie se resquebrajó y trató de suicidarse. La poesía la mantendría a salvo durante diecisiete años más.

Sexton fue para Rich como una hermana, sus poemas le decían contra qué tenía que luchar dentro de ella misma. Para mí, Rich, Sexton y Plath fueron tres hermanas mayores que me guiaron en las ruinas de lo que yo creía que era mi vida entonces. En poco tiempo había perdido a mi tía Carmen, a mi abuela Eugenia, mi sueño de ser periodista y hasta mi autonomía. La ansiedad me golpeó tan fuerte que solo mis lecturas, la compañía de mi madre y mi hermana y los paseos por Alcalá lograron que, poco a poco, mi cabeza fuera volviendo a su sitio. Aprendí con ellas que explorar literariamente mis experiencias y sufrimientos era la única manera de liberarme del dolor. La idea de que las mujeres somos hermanas, unidas por nuestra experiencia a través del tiempo, se me antojaba bastante poderosa. Debía aceptar que la vida que yo esperaba no regresaría nunca. Un día volví a asomarme a la barandilla que daba al río y supe que bastaba con creer en mí. Aquella era la vida que tenía, equivocada o no, pero mía.

Guía de lectura

Alcott, Louisa May, *Mujercitas*, traducción de Gloria Méndez, Barcelona, Lumen, 2004.

Alexiévich, Svetlana, *La guerra no tiene rostro de mujer*, traducción de Zahara García González y Yulia Dobrovolskaia, Barcelona, Debate, 2015.

Angelou, Maya, *Yo sé por qué canta el pájaro enjaulado*, traducción de Carlos Manzano de Frutos, Barcelona, Libros del Asteroide, 2016.

Anónimo, *Una mujer en Berlín. Anotaciones de diario escritas entre el 20 de abril y el 22 de junio de 1945*, traducción de Jorge Seca, Barcelona, Anagrama, 2005.

Austen, Jane, *Orgullo y prejuicio*, traducción de José Luis López Muñoz, Madrid, Alianza, 2007.

—, *Persuasión*, traducción de Juan Jesús Zaro, Madrid, Cátedra, 2003.

Beauvoir, Simone, *El segundo sexo*, traducción de Alicia Mortorell, Madrid, Cátedra, 2005.

—, *La fuerza de las cosas*, traducción de Elena Rius, Barcelona, Edhasa, 1987.

—, *Memorias de una joven formal*, traducción de Silvina Bullrich, Barcelona, Edhasa, 1983.

Bly, Nellie, *La vuelta al mundo en 72 días*, traducción de Rosa M. Salleras Puig, Barcelona, Buck, 2010.

Bolick, Kate, *Solterona. La construcción de una vida propia*, traducción de Silvia Moreno, Barcelona, Malpaso, 2015.

Brönte, Emily, *Cumbres borrascosas*, traducción de Carmen Martín Gaite, Barcelona, Alba, 2014.

Brönte, Charlotte, *Jane Eyre*, traducción de Carmen Martín Gaite, Alba, 2003.

Caballé, Anna, *La vida escrita por las mujeres*, Barcelona, Lumen, 2004, vols. I-IV.

Conde, Carmen, *Por el camino, viendo sus orillas*, Barcelona, Plaza & Janés, 1986.

Despentes, Virginie, *Teoría King Kong*, traducción de Beatriz Preciado, Santa Cruz de Tenerife, Melusina, 2007.

Dickinson, Emily, *Fue-culpa-del paraíso: poemas 1-600*, traducción de Ana Mañeru Méndez y María Milagros Rivera Garretas, Madrid, Sabina, 2012.

—, *Cartas*, traducción de Nicole d'Amonville Alegría, Barcelona, Lumen, 2009.

Didion, Joan, *El año del pensamiento mágico*, traducción de Javier Calvo, Barcelona, Literatura Random House, 2015.

Dunham, Lena, *No soy ese tipo de chica*, traducción de Noemí Cuevas, Barcelona, Espasa Calpe, 2015.

Ensler, Eve, *Monólogos de la vagina*, traducción de Anna Plata López, Barcelona, Planeta, 2000.

Ernaux, Annie, *El acontecimiento*, traducción de Mercedes y Berta Corral, Barcelona, Tusquets, 2001.

García Lorca, Federico, *La casa de Bernarda Alba*, Madrid, Cátedra, 2010.

Gay, Roxane, *Bad Feminist*, Nueva York, Harper Collins, 2014.

Gilbert, Sandra M., y Susan Gubar, *La loca del desván: la escritora y la imaginación literaria del siglo XIX*, traducción de Carmen Martínez Gimeno, Madrid, Cátedra, 1998.

Greer, Germaine, *La mujer eunuco*, traducción de Mireia Bofill y Heide Braun, Barcelona, Kairós, 2004.

—, *La mujer completa*, traducción de Mireia Bofill y Heide Braun, Barcelona, Kairós, 2000.

Heilbrun, Carolyn, *Escribir la vida de una mujer*, traducción de Ángel G. Loureiro, Madrid, Megazul, 1994.

Johnson, Joyce, *Personajes secundarios*, traducción de Marta Alcaraz, Barcelona, Libros del Asteroide, 2008.

Lindgren, Astrid, *Pippi Calzaslargas. Todas las historias*, traducción de Blanca Ríos y Eulalia Boada, Barcelona, Blackie Books, 2012.

Malcolm, Janet, *La mujer en silencio. La controvertida relación entre Sylvia Plath y Ted Hughes*, traducción de Mariano Antolín Rato Barcelona, Gedisa, 2009.

Moran, Caitlin, *Cómo ser mujer*, traducción de Marta Salís Canosa, Barcelona, Anagrama, 2013.

Moyra, Davey, *Maternidad y creación*, traducción de Elena Villalonga, Barcelona, Alba, 2007.

Ngozi Adichie, Chimamanda, *Todos deberíamos ser feministas*, traducción de Javier Calvo Barcelona, Literatura Random House, 2015.

Ollé, Carmen, *Noches de adrenalina*, Barcelona, Sin Fin, 2015.

Plath, Sylvia, *Poesía completa*, traducción de Xoan Abeleira, Madrid, Bartleby, 2008.

—, *Diarios*, traducción de José Luis López Muñoz, Madrid, Alianza, 1996.

Rich, Adrienne, *Poemas 1963-2000*, traducción de María Soledad Sánchez Gómez, Valenciana de la Concepción, Renacimiento, 2002.

Sanyal, Mithu M., *Vulva: la revelación del sexo invisible*, traducción de Patricio Pron, Barcelona, Anagrama, 2012.

Sexton, Anne, *Poesía completa*, traducción de José Luis Reina Palazón, Ourense, Linteo, 2013.

Varela, Nuria, *Feminismo para principiantes*, Barcelona, Zeta Bolsillo, 2013.

Winterson, Jeanette, *¿Por qué ser feliz cuando puedes ser normal?*, traducción de Álvaro Abella Villar, Barcelona, Lumen, 2015.

Wolf, Naomi, *Vagina: una nueva biografía de la sexualidad femenina*, traducción de Fina Marfà Pagès, Barcelona, Kairós, 2013.

—, *El mito de la belleza*, traducción de Lucrecia Moreno Barcelona, Salamandra, 1992.

Wollstonecraft, Mary, *La educación de las hijas*, traducción de Cristina López González, Santander, El Desvelo, 2010.

—, *Vindicación de los derechos de la mujer*, traducción de Carmen Martínez Gimeno, Madrid, Cátedra, 1994.

Wood Middlebrook, Diane, *Anne Sexton: una biografía*, traducción de Roser Berdagué Costa, Barcelona, Circe, 2007.

Woolf, Virginia, *Un cuarto propio*, traducción de Jorge Luis Borges Madrid, Alianza, 2005.

Agradecimientos

En mi infancia hubo otro momento decisivo que tuvo que ver con las Spice Girls. Cuando estaba en quinto de primaria, mis amigas y yo decidimos disfrazarnos de ellas para actuar en la fiesta de fin de curso. Recuerdo que yo elegí interpretar a Geri Halliwell. Me gustaba su fuerza, su pasión y a los once años pensaba que si me subía a unas botas altas de plataforma, me teñía el pelo con un spray rojizo y conseguía moverme con gracia en el escenario sin caerme, podría hacer cualquier cosa que me propusiese en la vida. Aquella tarde, subí al escenario dos veces: para cantar «Wannabe» y para recoger un premio literario por un cuento que había escrito. Ambas cosas las hice caracterizada de Geri. Creo que en aquel momento exacto entendí que eligiera lo que eligiese ser en la vida —escritora o imitadora de las Spice Girls—, la vergüenza no era algo a lo que debiera temer. También entendí que ser chica implica aprender a reírse de una misma. Creo que fue el primer momento de mi vida en que me sentí empoderada, aunque mi madre dice que nací empoderada. No sé qué sería de este libro y de mí sin ella. Le debo todo lo que soy. Igual que se lo debo a mi padre y a mi hermano: en el comité familiar he tomado casi todas las decisiones importantes. Les agradezco también a mis padres haber traído al mundo a Celia. Este relato es para ti, para que nunca te pierdas.

A Miguel, mi compañero, te doy las gracias por ser durante años mecenas de «la causa».

A mi editora Desirée Baudel le agradezco que apostara por mi voz y por mi forma de contar las cosas.

La mitad de este libro es de la maravillosa ilustradora Malota, a quien doy las gracias por hacer suya la historia de una chica de provincias.

Si Caitlin Moran no hubiera hablado de cómo se siente una gorda ni Germaine Greer de cómo limpiaba sus bragas manchadas de sangre, si Virginie Despentes no hubiera escrito sobre su violación, este libro no existiría. A ellas y a todas las mujeres que pusieron sus vidas por escrito antes que yo: gracias. Todavía nos quedan muchos silencios que romper.

Gracias a mi bisabuela Asunción, mi abuela Eugenia, mi tía Carmen y mi tía Mari he conocido las historias familiares que han sido vitales en mi formación como mujer. Sus voces son parte de mi genealogía.

Sin las bibliotecas públicas no habría podido leer. Han estado ahí, atentas a mi curiosidad, vigilantes. Reivindiquémoslas.

Gracias a «La tribu de Frida» he sobrevivido al pueblo y a la frustración laboral. Me gustaría dedicar este libro a todas las personas que de una forma u otra me han animado a creer en mí. Este libro llevaba tiempo gestándose en mi cabeza. Quería hablar de feminismo contando la vida de una chica cualquiera, una chica que ha pasado vergüenza, que ha sentido frustración y que, de alguna manera, ha conseguido creer en ella misma. Ahora sé que equivocarse y tropezar es una parte importante de la vida.

Cuando volví a Alcalá recordé el impulso infantil de parecerme a Jo March. No hizo falta tomar prestadas las tijeras de costura de mi madre. Una tarde del verano de 2012 salí a dar un paseo y acabé sentada en el sillón de una peluquería cualquiera. Lo hice, chicas, me corté la melena.

Índice